O TRIUNFO
DAS PAIXÕES

HAMILTON DOS SANTOS

O TRIUNFO DAS PAIXÕES

David Hume e as artimanhas da natureza humana

ENSAIOS

ILUMINURAS

Copyright © 2024
Hamilton dos Santos

Copyright © desta tradução e edição
Editora Iluminuras Ltda.

Capa e projeto gráfico
Eder Cardoso / Iluminuras
Sobre recorte de gravura *Fame and History, from "The Roman Heroes"*, 1586,
 por Hendrick Goltzius, [37,2 x 23,7 cm].

Revisão
Monika Vibeskaia
Eduardo Hube

CIP-BRASIL. CATALOGAÇÃO NA PUBLICAÇÃO
SINDICATO NACIONAL DOS EDITORES DE LIVROS, RJ
S235t

 Santos, Hamilton dos, 1962-
  O Triunfo das Paixões : David Hume e as artimanhas da natureza humana /
 Hamilton dos Santos. - 1. ed. - São Paulo : Iluminuras, 2024.
  228 p. ; 21 cm.

  ISBN 978-65-5519-215-5

  1. Hume, David, 1711-1776. 2. Ética. 3. Desejo (Filosofia). 3. Filosofia escocesa. I. Título.

24-88691   CDD: 191
          CDU: 1(411)

Meri Gleice Rodrigues de Souza - Bibliotecária - CRB-7/6439

2024
ILUMI**N**URAS
desde 1987

 Rua Salvador Corrêa, 119 - 04109-070 - São Paulo/SP - Brasil
 Tel./ Fax: 55 11 3031-6161
 iluminuras@iluminuras.com.br
 www.iluminuras.com.br

Sumário

Introdução, 13

    1. Uma vida filosófica, 23

    2. O valor da reputação, 39

    3. A filosofia moral, uma questão de método, 53

    4. A formação do sistema (das paixões), 69

    5. O triunfo das paixões, 93

    6. A construção do caráter, 123

    7. Simpatia, caráter e reputação, 135

    8. O governo das paixões, 161

    9. Sociedade política e reputação, 175

    10. O filósofo e seu público, 191

    À guisa de conclusão, 209

Bibliografia, 219

Agradecimentos, 225

Para João, meu filho.

You'd kill yourself for recognition
Kill yourself to never, ever stop
You broke another mirror
You're turning into something you are not

Radiohead, "High and Dry"

Os homens buscam o aplauso alheio para confirmar e fixar a opinião
favorável que têm de si mesmos, e não por uma paixão originária. Se um
homem deseja o elogio dos outros, é pela mesma razão que a beldade gosta
de se contemplar no espelho que reflete os seus encantos.

Hume

It must be this rhapsody or none, The rhapsody of things as they are.

Wallace Stevens

INTRODUÇÃO

A sociedade contemporânea concede um lugar de preeminência às paixões; pode-se dizer que é sobre elas que costumamos estruturar nossas questões morais, políticas, econômicas e pessoais. Questões morais são elaboradas em termos de sentimentos como a compaixão ou o ódio. Campanhas eleitorais apelam para nosso lado emocional. Os embates políticos quase sempre são pautados por capacidades e incapacidades emocionais, mais do que por organizações objetivas de dados. Geramos e consumimos conteúdo de redes sociais com base no que ele nos faz sentir. Admiramos ídolos, concedemos fama a estrelas do esporte, da música, do cinema — áreas que se consolidaram como verdadeiras indústrias e que se sustentam sobre as paixões que são capazes de mobilizar. A moda e a importância da identidade, da expressão e da beleza são também traços associados a nossas paixões — o prazer, o bem-estar, o conforto, a necessidade de afeto ou de expressão, a diversão. Discursos motivacionais no meio empresarial e no empreendedorismo falam sobre a importância da paixão pelo trabalho. Nossas relações pessoais são guiadas por nosso modo de lidar com as emoções. Falamos em busca da felicidade, da importância do bem-estar, sonhamos com a intensidade amorosa, desejamos sucesso, assumimos o prazer. O nosso mundo é guiado pelas paixões. Não faz mais sentido tentar imaginar a vida humana sem atribuir a elas um lugar central, ao menos tão importante quanto aquele que, por muito tempo, foi concedido à racionalidade ou ao intelecto. A essa centralidade dou o nome de *Triunfo das Paixões:* elas triunfaram sobre os discursos moralistas e dogmáticos que as quiseram submeter a outra ordem. São elas, hoje, que dão a direção e o sentido de muitos desses discursos.

Nem sempre foi assim. Na Antiguidade clássica, por exemplo, o uso da razão para o equilíbrio das paixões era considerado fundamental para se exercer a sabedoria. O cuidado de si, para muitos filósofos, envolvia exercícios de autocontrole, ponderação e desprendimento corporal, de modo que não fôssemos tomados por serviçais de nossos impulsos passionais. A tradição cristã — também herdeira do ascetismo clássico — por muito tempo adotou uma perspectiva que associava as paixões ao pecado ou a uma espécie de tentação a ser superada pela fé e pelo autocontrole. Mesmo após o ciclo de contestações a essa tradição que teve início no Renascimento europeu, não se tornou raro proclamar a superioridade da razão sobre as paixões, principalmente no que diz respeito a determinar o que é o bem, a justiça e outras questões morais. Até hoje, a despeito do modo passional pelo qual nossa sociedade funciona, há quem defenda uma oposição entre razão e emoção (por vezes expressa como uma oposição entre o intelecto e os impulsos), junto com a importância de uma vitória da primeira sobre a segunda.

O que observo aqui, note-se bem, não é que agora essas interpretações estão simplesmente erradas porque a balança entre razão e emoção teria se alterado no mundo contemporâneo e, a despeito de toda essa tradição opositiva, as paixões hoje seriam mais centrais para a cultura do que o intelecto. O Triunfo das Paixões a que me refiro não é um triunfo sobre a razão, mas sim sobre os discursos que submetiam as paixões ao governo da racionalidade. O problema da relação das paixões com a razão já não precisa ser colocado nos mesmos termos opositivos que antes — sendo que, diante da existência de outra possibilidade, a oposição pode se mostrar simplista e obsoleta. Para compreender as dinâmicas da sociedade (e da nossa própria natureza) hoje, mostra-se mais relevante recorrer a outros modos, mais pertinentes, de interação entre nossas funções inteligíveis e nossos impulsos emocionais.

Um dos mais originais construtores dessa possibilidade na história do pensamento ocidental foi David Hume. Ele está longe de ter sido o primeiro a propô-la ou de ter sido o primeiro a tentar um modelo de pensamento que o realizasse; mas foi tão originalmente bem-sucedido em seu esforço que marcou, com isso, um ponto de virada nos modos pelos quais consideramos essa relação entre nossas paixões e nosso intelecto. Escrevendo no século XVIII, Hume levou ao ápice o empirismo cético que vinha se desenvolvendo em seu tempo, foi um dos fundadores da historiografia contemporânea e se tornou um dos filósofos mais importantes e influentes de todos os tempos. Além disso, foi também um grande escritor, um *best-seller* — dado que merece destaque por nos levar a perceber que sua influência foi além do âmbito especializado, podendo ser tomada como uma intervenção cultural na sociedade britânica.

Sua inovação filosófica se produziu em consonância com um momento histórico de grandes transformações. O advento da sociedade comercial, o estabelecimento do capitalismo pelo mundo e a formação do que se costuma chamar de sociedade burguesa alteravam todos os parâmetros de funcionamento social, econômico e político. As disputas religiosas que marcavam a Europa há alguns séculos encontravam-se agora com os desenvolvimentos tecnológicos produzidos pelo método científico moderno e pelo Iluminismo, que se espalhava pelo continente. O antigo modelo monárquico estava em crise na ilha britânica ao menos desde a execução de Charles I no fim da Guerra Civil inglesa, quando se deu uma tentativa de república moderna sob o modelo do *Commonwealth*, que viria a dar lugar posteriormente ao famoso modelo inglês do Regime Misto, que perdura até hoje. Seja como for, o fato é que o constitucionalismo ganhava força. Ao mesmo tempo, a colonização concentrava uma renda sem precedentes na ilha britânica e todo esse dinamismo cultural e econômico parecia, certamente, demandar novas formas de pensar a cultura, a sociedade, a ordem política, o funcionamento do mundo.

O trabalho de Hume pode ser lido como uma resposta a essa demanda. Isto é: o que estou chamando de um Triunfo das Paixões, noção que emerge de sua obra, pode ser entendido como um modo de pensar coerente com as dinâmicas sociais modernas — pelo que tem um valor epistêmico importante até hoje para as considerar. É verdade que entre os especialistas — filósofos, sociólogos, historiadores, psicólogos —, os últimos três séculos foram profícuos na criação de teorias que buscaram reformar nossos modos de autointerpretação, inclusive levando em conta uma centralidade das paixões. Mas os pensamentos mais inventivos, de grande qualidade, por mais que possam ser ultrapassados pelos que os sucedem — os quais vão aprimorando seus pontos fracos e seus pontos cegos —, costumam carregar um valor próprio, uma pertinência que não se apaga com o tempo. Até hoje, por exemplo, lê-se Platão, o que é razoável mesmo quando a crença na existência das Ideias eternas aparece como um problema colocado em termos que já não funcionam tão bem. Do mesmo modo, a importância de Hume não é apenas histórica. Retornar a ele hoje, depois de tanto que já foi escrito depois dele (e tanto que foi escrito sobre ele), ainda se mostra relevante para pensar o mundo em que vivemos.

Hume se situa em uma espécie de transição, por um lado construindo um pensamento alinhado com as novas formas sociais em ascensão e, por outro lado, enxergando nessas formas a possibilidade de uma continuação dos valores clássicos, retirados de modelos da Antiguidade e do Neoclassicismo francês. Desse modo, enquanto defendia e justificava a sociedade civil e o modelo capitalista ascendente, acreditava que esse modelo levaria a certos ideais de ordem, justiça e beleza que — hoje podemos saber — não se mostraram como consequência imediata do sistema. Entender o que deu errado, localizar onde a coerência humiana falhou nessa aliança dos valores clássicos com a sociedade moderna, é ainda um exercício pertinente para se analisar as relações entre os valores de ampla liberdade que estão na base do capitalismo moderno e os modos como ele pode incidir no seu oposto. Da mesma forma, entender como se organizava, de maneira sistemática e original, a coesão entre a ordem social, as paixões humanas, a liberdade econômica, a ciência moderna e ideais próximos do republicanismo e da democracia é um exercício que pode clarear, ainda, nosso modo de organizar a relação entre valores morais e o funcionamento da sociedade.

Isso poderá ser encontrado, neste livro, por meio do estudo de um aspecto central da filosofia de Hume, que tem por objeto o que o filósofo chamou de "amor pela fama" (*love of fame*). A expressão também pode ser traduzida (como na brilhante versão brasileira do *Tratado da natureza humana* de Hume feita por Déborah Danowski) como "amor pela boa reputação". O termo indica uma relação passional nossa com a fama ou reputação. Ora, existem dois elementos fundamentais pra se entender a noção de fama em Hume: um, que ela é semelhante à noção de reputação em geral; dois, que ela é acompanhada de uma avaliação moral (positiva ou negativa — existe também a má fama, a má reputação). Em suma: trata-se por fama, ou reputação, do tema geral da consideração que as pessoas direcionam a algo ou alguém. É uma noção abrangente; envolve desde as opiniões que formamos acerca de nossos parentes, colegas e modelos, até a avaliação pública de uma marca, empresa ou representante político. Diz respeito, portanto, ao valor (positivo ou negativo) que algo ou alguém tem aos nossos olhos — seja no âmbito particular, seja no público.

Antes de Hume, a ideia de fama não costumava se referir a tanta coisa. O mais comum, sabemos, é falarmos em fama somente quando nos referimos à amplitude ou qualidade com que algo ou alguém é conhecido no meio social (por exemplo: "fulano é famoso", indicando que muitas pessoas sabem quem é; ou "fulano tem má fama", indicando que um número considerável de pessoas avalia negativamente o seu caráter). A proposta de Hume, por outro lado — de compreender a fama de maneira mais ampla, como o valor afetivo e moral que algo ou alguém possui aos olhos alheios —, acaba a colocando no centro de sua filosofia e, consequentemente, no centro do que ele nos propõe como modo de pensar a natureza humana e a sociedade. Tanto a fama como o amor pela fama (o que poderíamos dizer: tanto a avaliação alheia de nós mesmos quanto o desejo que temos de sermos apreciados ou reconhecidos) acabam sendo parte fundamental, na sua filosofia, da própria ideia de sociabilidade, além de peça essencial para a construção de nossos sistemas morais, jurídicos e políticos. Ou seja, com Hume, o tema da fama não é apenas o tema do reconhecimento público, mas sim do entendimento de como os afetos interpessoais constituem o sistema social com toda sua complexidade moral e política. É a compreensão de como isso se dá que desejo apresentar nos textos que se seguem.

O leitor de Hume no século XXI encontra em sua obra um instrumento valioso para pensar sobre as paixões e os afetos. Ter uma ferramenta como essa para conectar a construção de reputação com dinâmicas populacionais complexas serve para refletir sobre o funcionamento tanto das mídias e redes sociais quanto da política e da comunicação empresarial, assim como sobre questões de publicidade, idolatria e polarização. Um exemplo (que vamos considerar mais detidamente no capítulo 7) está no princípio da simpatia, um mecanismo identificado por Hume que torna possível pensar nossas dinâmicas emocionais em escala populacional e que influencia profundamente as mecânicas da reputação. Veremos que, de acordo com sua filosofia, a simpatia depende de hábitos para se fortalecer, e consideraremos que os desenvolvimentos recentes das tecnologias da informação, o isolamento das redes sociais e o distanciamento interpessoal consequente podem acarretar uma atrofia da simpatia, com riscos sérios para o desenvolvimento de nossa sensibilidade. Outro exemplo (este mais externo a nossas considerações aqui, embora o retomemos na conclusão) está na obra da cientista política Elisabeth Noelle-Neumann (1916-2010), cuja famosa teoria da Espiral do Silêncio (lançada nos anos 1970, mas recebida no mercado editorial brasileiro em 2017) tornou-se um clássico para a comunicação e a psicologia social, tendo sido influenciada pela obra de Hume em pontos que poderão ser conhecidos aqui.

Para além, ainda, de toda essa pertinência técnica, o leitor sabe que o contato com obras filosóficas de qualidade tão elevada serve para desenvolver nossa capacidade de raciocínio, análise e crítica, expandindo horizontes de referência e abrindo, portanto, novas possibilidades de pensamento — e este livro quer servir também como uma introdução à filosofia de David Hume. Um contato talvez inicial com um autor que, senão por tudo o que já foi dito aqui, vale a pena ser lido pelo prazer da leitura, graças a seu estilo vívido e sedutor.

***

Digamos que existem dois tipos de filósofos. Os primeiros, chamaremos de *abstrusos*: eles pretendem estabelecer a verdade e a falsidade dos princípios racionais e morais do homem ultrapassando os limites da curiosidade comum — isto é, eles escalam por suas abstrações e deduções para longe dos assuntos cotidianos, mesmo do jeito corriqueiro de se falar, e constroem sistemas de acesso difícil, não raro conhecidos e compreendidos apenas por outros profissionais como eles. Reconhecem que seu trabalho não encontra lugar imediato no senso comum e na vida social, mas acreditam na importância que carregam para o longo prazo: se conseguirem desvendar verdades ocultas, contentam-se com a esperança de uma contribuição para a posteridade. O outro tipo congrega os filósofos que podemos chamar de *simples e acessíveis*. Trabalhando com uma linguagem mais comum, acreditam na importância de seus textos dialogarem com qualquer leitor — em geral, porque assumem que o contato do público com sua filosofia é necessário para que ela cumpra seu papel. Tal papel, não raro, é pensado como tendo natureza terapêutica ou instrucional: esperam inclinar nossos corações para a probidade pintando a virtude de maneira agradável e se valendo de exemplos marcantes que selecionam no seio da vida cotidiana. Fazem esforço no sentido contrário com o vício e com isso esperam nos afastar da improbidade e da corrupção. Ou seja, tais filósofos consideram a humanidade principalmente como orientada pelos seus sentimentos, de modo que a filosofia, para alcançar as verdades sobre a boa e a má conduta, precisa assumir um papel ativo de influência sobre esses sentimentos, sem se afastar dos costumes e da vida comum em que eles atuam. Ela possuiria assim um papel ativo de reforma e orientação da sociedade.

Quem faz essa distinção não sou eu, mas o próprio Hume. Ele a esboça no final do seu *Tratado da natureza humana* e a desenvolve no primeiro capítulo da *Investigação sobre o entendimento humano* para advogar por uma mescla perfeita entre as duas tendências. Em seu argumento, Hume estabelece uma analogia entre esses dois tipos de filosofia e os trabalhos do anatomista e do pintor — o primeiro, correspondendo ao filósofo abstruso; o segundo, ao simples e acessível. "O anatomista põe-nos diante dos olhos os objetos mais horrendos e desagradáveis", ele escreve, "mas sua ciência é útil ao pintor para delinear até mesmo uma Vênus ou uma Helena". Isso porque, ele afirma, "mesmo quando emprega as cores mais exuberantes de sua arte e dá a suas figuras os ares mais graciosos e atraentes, o artista deve manter sua atenção dirigida para a estrutura interna do corpo humano, para a posição dos músculos, o arranjo dos ossos e a função e forma de cada parte ou órgão do corpo". Em suma, ele conclui, "a exatidão é proveitosa para a beleza, assim como o raciocínio correto o é para a delicadeza do sentimento; seria vão pretendermos exaltar um deles depreciando o outro" (Hume, 2004, p. 25).

Essa analogia nos indica o ideal de Hume para a sua própria obra: uma que fosse ao mesmo tempo analítica e bela, sistemática e estimulante, estruturante e sedutora. Ele tentou dialogar com os sentimentos do público enquanto elaborava, nesse mesmo diálogo, uma filosofia bem arquitetada, objetiva e profunda. Poderíamos dizer que ele buscou produzir uma anatomia complexa da natureza humana que pudesse ser influente entre o grande público; uma filosofia abstrusa que fosse capaz de repercussão e diálogo direto com a sociedade.

O contexto em que Hume faz essa analogia, inclusive, aponta para um momento de revisão sua acerca de seu próprio equilíbrio entre essas tendências. O *Tratado da natureza humana*, dividido em três livros, apresentara pela primeira vez o seu sistema, mas não alcançara reconhecimento público — a extensa obra não conseguia chamar a atenção dos eruditos para seu pensamento, talvez porque seu estilo o fazia mais sinuoso, mais difícil de apreender diretamente, ao invés de mais fácil, enquanto não conquistava para uma leitura dedicada de obra tão grande. A *Investigação sobre o entendimento humano* é uma reescrita mais sucinta e leve das mesmas elaborações do Livro 1 daquele *Tratado* e seria seguida pela *Investigação sobre os princípios da moral*, reescrita do Livro 3. Hume tentava dar nova roupagem a sua filosofia, mantendo a sistematicidade mais desenvolvida do *Tratado* em um estilo mais claro e breve — um novo esforço por adequar a complexidade da anatomia à clareza de uma bela pintura.

Estaríamos, com isso, dispensados de navegar as águas turvas do *Tratado*? De modo algum, pois é lá, como em nenhuma outra parte de sua obra, que Hume se debruça sobre as paixões, realizando a sua anatomia, identificando a química de suas relações, demonstrando como elas pautam, de uma ponta a outra, a experiência humana. Quando publicou uma *Dissertação sobre as paixões*, em 1757, Hume abreviou de forma brutal o conteúdo do Livro 2 do *Tratado*, escamoteando assim, dos olhos dos leitores mais sensíveis, uma constatação que nem todos consideram palatável. Ela pode ser resumida, de maneira abrupta, como a *impotência da razão*. Muitos no século XVIII ainda acreditavam, com Descartes e seus seguidores, que caberia à razão e ao entendimento corrigir os efeitos nocivos das paixões sobre a imaginação humana. Hume subverte essa crença nos poderes da alma como independentes da sensibilidade e projeta a ideia de natureza humana nos domínios da simples sensação. Essa manobra vertiginosa é executada com maestria no Livro 2 do Tratado, e iremos nos debruçar sobre ela.

Este livro também contempla uma pequena biografia do filósofo e inclui uma igualmente pequena digressão sobre a sua morte — evento que foi, ele mesmo, um acontecimento filosófico. Quis assim mostrar como o interesse de Hume pelas paixões em geral, e pela reputação em particular, vinha do sentimento que ele tinha, dentro de si, do peso que elas têm para o que chamamos de dignidade humana.

I. UMA VIDA FILOSÓFICA

A posteridade é para o filósofo o que o paraíso é para o religioso

Diderot

Na Royal Mile, principal via da cidade velha de Edimburgo, há uma estátua peculiar de David Hume. Ela é recente, foi colocada ali em 1997, e está sentada em frente ao Supremo Tribunal, a *High Court*. De bronze sobre um pedestal, Hume foi retratado à maneira de um filósofo grego, de túnica, com um ombro e parte do tórax à mostra, segurando um livro que mais se parece com uma pedra ou uma tábua retangular. Os dedos do pé direito (esticado mais à frente), a escaparem do pedestal, reluzem na cor do bronze, ao contrário do resto do corpo, que já esverdeou — efeito do toque das mãos de transeuntes e turistas, em particular de estudantes de filosofia que vão prestar homenagem ao mestre, e não nos esqueçamos dos acusados que, a caminho do tribunal, pedem sorte a esse verdadeiro ídolo.

O ato supersticioso de tocar a estátua é bastante contrário ao ceticismo empirista do filósofo. Não é equivocado pensar que os acusados (ao menos eles) apenas buscam consolo na imagem de um pensador preocupado com a verdade, a justiça e o valor das paixões para elas. Mais desacertada, me parece, seria a postura dos estudantes de filosofia que prestam homenagem ao mestre de forma alheia aos seus preceitos. O que é uma questão de importância menor. Chama mais atenção a representação de Hume como grego: uma associação válida pela referência estoica e ciceroniana no modo humiano de abordar as paixões na moral e na própria escrita, mas considero que um tanto exagerada — por mais que tivesse modelos clássicos, Hume foi um pensador radicalmente moderno, com uma obra cujos princípios jamais se acomodariam aos moldes antigos que o inspiraram.

Quanto à ideia de Hume como mestre da filosofia, ela vem sendo questionada vivamente — por causa de um comentário racista em um ensaio — voltarei ao assunto na conclusão deste livro. A estátua de Edimburgo sofreu pichações e outros ataques. A David Hume Tower, da Universidade de Edimburgo, situada a vinte minutos dali, nas bordas da velha Edimburgo, teve seu nome suprimido e ganhou a burocrática alcunha de "40 George Square". Só o imponente túmulo do filósofo, no cemitério de Calton Road, na Cidade Nova, permanece, ao menos por ora, intocado.

***

David Hume nasceu em Edimburgo em 26 de abril de 1711. A família, apesar de ser de pequena nobreza (originalmente chamada *Home*), não gozava de grandes vantagens aristocráticas, de modo que o pai de David, Joseph Home of Chimside, tinha de ganhar a vida advogando nas cortes reais. David foi o segundo de três filhos — teve um irmão mais velho e uma irmã mais nova.

Seu pai faleceu quando o futuro filósofo contava dois anos. Os três filhos foram criados pela mãe, Catherine, que conseguiu providenciar instrução particular para os garotos, negligenciando, segundo o costume da época, a educação formal da filha. Apenas Hume e seu irmão vieram depois a ingressar na Universidade de Edimburgo — Hume tinha cerca de 12 anos, um pouco menos que a idade comum de ingresso, de 14 anos.

A Escócia começava a entrar num período de desenvolvimento econômico e fermentação intelectual, após mais de 100 anos de disputas religiosas e políticas, de conflitos, da guerra civil inglesa e das revoluções e transformações políticas subsequentes à Revolução Gloriosa de 1688, incluindo a unificação das coroas e dos parlamentos inglês e escocês em 1707. Um fator central de prosperidade era o comércio ultramarino, garantido com a exploração das colônias americanas e o tráfico da Companhia Britânica das Índias Orientais. A Grã-Bretanha contava, então, com o domínio dos mares, sua única rival era a França. A participação dos escoceses, principalmente no comércio do tabaco, realizado no porto de Glasgow, foi decisiva para a riqueza crescente dos grandes centros urbanos do país.

O século XVII fora um período rico de ideias que estabeleceram novos parâmetros para a filosofia e as ciências. Hume se referia a essa época como uma "nova cena do pensamento". Ela havia sido inaugurada na Inglaterra por Lorde Bacon, defensor do método experimental nas ciências e na filosofia, e enriquecida por Thomas Hobbes que, no *Leviatã*, aplica a geometria à política; mas sua principal figura é, sem dúvida, Isaac Newton, que, com os *Princípios matemáticos de filosofia natural*, deitou as bases de uma nova concepção de mundo. Na visão de Newton, para entender os fenômenos não é necessário remetê-los a uma causa exterior. Embora naquele momento a ninguém ocorresse contestar a existência de Deus, sua demonstração agora se mostrava desnecessária para uma filosofia ocupada com explicar o "sistema do mundo".

A partir de Newton, então, deu-se uma reviravolta filosófica decisiva, inaugurada pelo *Ensaio sobre o entendimento humano* de John Locke, em que o método experimental é aplicado a uma teoria da formação das ideias a partir das sensações. Voltando-se contra Descartes, que defendia a existência de ideias inatas, Locke tenta mostrar que todas elas, mesmo as mais abstratas, têm origem nos sentidos. Era a doutrina do empirismo, difundida também na Escócia, onde Hume seria um de seus maiores tributários.

Além do impacto intelectual, a prosperidade econômica advinda das conquistas marítimas e da unificação política da Grã-Bretanha também incidiu sobre o desenvolvimento das ciências e universidades escocesas. A Universidade de Edimburgo entraria em um momento de expansão, fundando uma Faculdade de Direito em 1707, uma Faculdade de Artes em 1708 e uma Faculdade de Medicina em 1726 — a qual seria considerada uma das maiores e melhores da Europa desde então, até hoje. Os desenvolvimentos científicos que se concentravam ao redor da Universidade de Edimburgo fariam dela o centro agregador do Iluminismo escocês — um dos movimentos mais preeminentes de desenvolvimento do pensamento moderno, agrupando nomes como Adam Smith, o químico e anatomista Joseph Black, o médico William Cullen, Adam Ferguson e, claro, David Hume.

Destinado às letras jurídicas pela família, mas insatisfeito com o caminho, o jovem Hume se deixou levar por uma paixão que pautaria toda a sua vida: o gosto pelas letras clássicas e modernas. Em 1734, mudou-se da Escócia para La Flèche, onde gradualmente trocou a erudição jurídica pela clássica, em especial o latim. Familiarizou-se, também, com o classicismo francês, tornando-se fluente na língua de Racine e Pascal. Quando retornou à Inglaterra, em 1737 (portanto, com 26 anos), Hume já trazia consigo, em estado avançado, os manuscritos de seu *Tratado da natureza humana*. Os primeiros dois livros que compunham a obra seriam publicados em 1739, e o terceiro, em 1740. O subtítulo da obra declara sua filiação à nova filosofia britânica, de Bacon, Newton e Locke: "uma tentativa de introduzir o método experimental em filosofia moral". A ambição do jovem filósofo era nada menos que se tornar o Newton da moral.

O *Tratado da natureza humana* é, de certo modo, o *magnum opus* filosófico de Hume. É nessa obra que encontramos as bases de sua filosofia, a exploração mais aprofundada que ele fez de seu próprio sistema. O Livro 1 é dedicado aos temas *Do entendimento*, isto é, aos princípios de sua filosofia, à possibilidade de conhecimento científico, aos modos de operação do pensamento, à epistemologia. O Livro 2, *Das paixões*, apresenta sua teoria das paixões, sua teoria do comportamento humano, sua "geografia mental", como ele próprio indicava, o que hoje chamaríamos de "sua psicologia". O *Tratado* abre com uma Advertência do autor, indicando que "os temas do entendimento e das paixões compõem por si sós uma sequência completa de raciocínios" (Hume, 2000, p. 17), ou seja, apesar de o exame das questões se dar de forma separada, elas devem ser compreendidas como um único sistema geral. O Livro 3, por fim, *Da moral*, traz os desdobramentos da anatomia da natureza humana desenhada nos livros anteriores sobre os temas da moralidade, da justiça, das origens do governo e do funcionamento da ordem social.

A publicação dessa grande obra, porém, foi um fiasco editorial. Nas palavras do próprio Hume, o *Tratado* saiu natimorto da gráfica (*"dead-born from the press"*). O livro praticamente não teve repercussão junto ao público erudito, a tal ponto que o próprio Hume se sentiu compelido a publicar uma resenha anônima de sua obra, o depois famoso "Resumo do Tratado". Longe, no entanto, de ajudar a divulgar a obra, essa peça de autopromoção caiu no mesmo vazio em que o *Tratado* se encontrava.

O plano inicial de Hume era causar alguma comoção com suas ideias e passar, então, a publicar periodicamente alguns escritos que vinha produzindo, de modo a estabilizar sua fama e adquirir uma presença pública. A absoluta falta de impacto do *Tratado* o levou, porém, a publicar seus ensaios de uma só vez, já como um corpo de obra mais chamativo, sob o título de *Ensaios morais e políticos*, surgidos entre 1741 e 1742. E deu certo — o filósofo foi lido, recebeu algum reconhecimento e sua figura como autor começou a ser notada nos meios intelectuais.

Em 1744, Hume candidatou-se à cátedra de Filosofia Pneumática e Moral na Universidade de Edimburgo, mas teve sua pretensão rejeitada, segundo se disse à época, pelo tom cético e irreverente do *Tratado* em relação a questões de teologia e metafísica. Tentou, então, trabalhar como tutor particular; até que acabou como secretário do General St. Clair, acompanhando-o em uma viagem pela Europa, na qual passou por países como França, Áustria e Itália. Durante esse tempo, dedicou-se a reescrever os Livros 1 e 3 de seu *Tratado* de maneira reduzida e com linguagem mais didática e acessível, para ver se corrigia o desnível entre o sucesso de seus ensaios e a falta de leituras de seu sistema filosófico. Vêm a lume em 1748 a *Investigação sobre o entendimento humano* e, em 1751, a *Investigação sobre os princípios da moral*.

No ano seguinte, Hume consegue um posto como diretor da biblioteca da Faculdade dos Advogados de Edimburgo. É um ano feliz de sua vida, quando os *Discursos políticos*, surgidos em inglês em 1748, são publicados em francês, tornando-se uma sensação editorial no continente. A partir desse momento, Hume se torna um filósofo reconhecido por seus pares, admirado por Montesquieu e Voltaire, celebrado em toda parte pela perspicácia de suas análises políticas e econômicas, bem como por sua erudição histórica. Recebe, então, uma comissão para redigir uma *História da Inglaterra*, "De Júlio César à Revolução de 1688", publicada em seis volumes, entre 1754 e 1762. Traduzida em francês, a obra renderá ao autor somas consideráveis de dinheiro, tornando-o, como ele mesmo dirá, "opulento", e permitindo-lhe desfrutar, entre 1762 e 1776, ano de sua morte, uma existência confortável, senão luxuosa.

Nem por isso, porém, ele teve uma vida tranquila na esfera pública. Pelo teor de seus escritos, agora dedicados à política e à história, conquistou muitas inimizades e feriu a vaidade dos partidos *whig* e *tory*, que dominavam o parlamento britânico. Esse desgosto da classe política é compreensível, uma vez que, na *História da Inglaterra*, Hume se empenha em mostrar como as paixões mais violentas que movem os diferentes partidos — ele se refere a partidos e despreza as facções e os bandos — volta e meia se interpõem no caminho da consolidação da liberdade, que depende da existência de leis e de sua aplicação regular. Nesse sentido, as instituições políticas e jurídicas seriam o melhor corretivo para as paixões políticas desenfreadas, que, no entender de Hume, costumam derivar do frenesi das seitas religiosas e dos oportunistas que, movidos pela ambição e pelo ganho, se perfilam a elas.

Após ser absolvido (graças à interferência de ministros influentes, com destaque para seu amigo, o célebre historiador William Robertson) de um processo de excomunhão movido pela igreja Presbiteriana, Hume volta à carga polêmica com o livro *Quatro dissertações*, que inclui uma *História natural da religião*, texto que, com seus ataques ao monoteísmo, poderia ser da pena de um Voltaire, o mais intolerante dos iluministas. Nessa mesma época, escreve sua obra-prima, os *Diálogos sobre a religião natural*, que, por conselho de Robertson e outros amigos, não foi publicada em vida, mas apenas em 1779, e, ainda por cima, anonimamente. Esse cuidado, no entanto, pode ter sido exagerado; lidos junto aos ensaios sobre tragédia e padrão do gosto, os *Diálogos* não nos parecem tão escandalosos — pelo contrário, dão o exemplo de como tratar de forma polida e civilizada de questões mais ásperas e mais controversas sem apelar ao conflito ou à violência.

Entre 1763 e 1765, Hume foi secretário do embaixador inglês na França, Lord Hertford. Nesse anos, frequentou o salão do barão d'Holbach, que reunia os círculos mais radicais do Iluminismo francês, travando amizade com Diderot, d'Alembert, Rousseau e Turgot. Em sua própria avaliação, seus anos intermitentes em Paris contaram entre os melhores de sua vida. Em contraste, nunca gostou de Londres, onde viveu entre 1767 e 1769, ocupando o posto de subsecretário do Departamento de Estado para o Norte. Retornou então a Edimburgo, onde viveria os últimos anos de sua vida, realizando algumas idas a Paris. Em 1775, apareceram os primeiros sintomas da doença intestinal que o mataria. Ele faleceu em 25 de agosto de 1776 e está sepultado em sua cidade natal, no cemitério de Old Calton, tendo desfrutado, nas últimas semanas de vida, da companhia de seus amigos mais próximos.

Hume usou seus derradeiros dias, vividos com lucidez, para a leitura de ao menos duas obras de vulto: *A Riqueza das nações*, de seu amigo e discípulo Adam Smith, e o primeiro volume de *Declínio e queda do império romano*, do jovem Edward Gibbon. Teve então, ao encontrar os ecos de seu pensamento nessas páginas, a segurança de que sua própria reputação filosófica estava mais do que assegurada junto à posteridade.

* * *

Em uma palestra proferida na Biblioteca Nacional da Escócia em cinco de maio de 2010, o escritor inglês James Runcie contava que, quando David Hume já se encontrava próximo da morte, depois de uma viagem a Bath em busca de melhoras na saúde (sem sucesso), ele foi visitado por James Boswell, o famoso biógrafo de Samuel Johnson. A visita se deu no dia sete de julho de 1776, menos de dois meses antes da morte de Hume. Segundo o próprio Boswell relata, sua presença fora motivada por uma espécie de teste: queria ver se aquele "grande infiel" (*great infidel*), sentindo que se aproximava da morte, iria abrir mão de seu ceticismo e, tomado pelo medo, entregar-se à fé na qual fora batizado. Diante do teste supremo, conseguiria o filósofo praticar o que pregara, ou seja, uma desconfiança firme em relação aos dogmas da religião?

Mas o que Boswell encontrou (para seu desgosto) foi um homem sereno, visivelmente doente e enfraquecido, mas ainda assim plácido, mesmo alegre. Nós sabemos, por uma carta a Adam Smith escrita por Joseph Black (o médico que estava presente na hora da morte), que Hume permaneceu tranquilo até o fim, sem mostrar sinais de impaciência, esforçando-se por falar sempre (mesmo com a dificuldade) com afeto e ternura, morrendo com o que Black chamaria de *"a happy composure of mind"*. Durante a visita de Boswell, os ânimos de Hume se abalaram somente quando ele se dispôs a enfrentar mais uma vez a impertinência do visitante, reafirmando sua descrença na imortalidade da alma, na vida eterna, na ressurreição da carne e em toda e qualquer forma de moralidade religiosa. Boswell insistira em perguntar-lhe se a ideia de aniquilação da consciência não o incomodava, ao que Hume repetira a noção veiculada por Lucrécio (no poema *Da natureza das coisas*) e por ele mesmo (no ensaio "Da imortalidade da alma"): o que existe para nós depois da morte é como o que existia antes de nascermos, não nos diz respeito, e não podemos ter nenhuma ideia de nossa própria existência fora desta vida; portanto, não há por que se afligir com essa espécie de vazio, temos apenas que aceitar a ordem natural das coisas.

A morte tranquila de David Hume — não apenas por ser o falecimento de um cético notável, mas justamente por ter sido encarada com tanta tranquilidade por ele — viria a se tornar, aos olhos dos religiosos de então, o último baluarte daquele "grande infiel" contra a moralidade cristã. Afinal, como seria possível que Hume tivesse alcançado aquela *"happy composure of mind"* diante da morte sem tomar fundamento na fé religiosa? Sua placidez, para eles, só poderia ser teimosia e, tendo sido praticada ainda em hora tão séria, seria uma suprema afronta à fé. O pior era que Hume nunca se declarara ateu e se recusava a se opor abertamente à fé, parecendo, com isso, simplesmente desdenhá-la.

Por isso, ao redor da morte de Hume veio a se construir a cena de uma intensa disputa filosófica. Suspeita-se que a visita de Boswell a Hume tenha sido mesmo planejada por Samuel Johnson — o grande crítico, próximo de Boswell e firme praticante da fé anglicana. Johnson, de sua parte, encontrava na morte o símbolo máximo do valor e da necessidade da Revelação bíblica, como se pode perceber, por exemplo, em seu ensaio *Consolation in the face of death*, no qual ele escreveu que "a Razão nos abandona à beira da cova e não pode mais nos oferecer entendimento" [*Reason deserts us at the brink of the grave, and can give no further intelligence*], sendo porém aí mesmo que "a Revelação não permanece de todo silenciosa" [*Revelation is not wholly silent*] (Johnson, 2009, p. 127-128). Ele diria que, diante da morte, "a Filosofia pode infundir teimosia, mas somente a Religião pode dar Paciência" [*Philosophy may infuse stubbornness, but Religion only can give Patience*] (Johnson, 2009, p. 128). No funeral de Johnson, ocorrido mais de oito anos depois do falecimento de Hume, o orador presente ainda teria traçado uma comparação entre a morte dos dois, conforme Boswell nos conta na biografia *Life of Samuel Johnson* (Runcie, 2010). É claro que a intenção do pregador fora a de ignorar a placidez de Hume e exaltar a figura de Johnson. Mas também deve ser evidente que, para os partidários de Hume, ele teria se equivocado ao inverter a comparação — tanto mais que o próprio Johnson já havia escrito que não houvera um único momento de sua vida em que não tenha se sentido assombrado pelo horror da morte: sua morte certamente foi mais amargurada que a do escocês.

A questão é que homens de fé, como Johnson ou Boswell, quando não o ignoravam, não compreendiam como seria possível ter paciência diante da morte sem apelar para a Revelação divina. Não podiam conceber que a tranquilidade de Hume e sua resistência à fé mesmo na hora extrema pudessem ser o resultado de sua filosofia. Do mesmo modo como Johnson diria que isso só poderia ser teimosia, Boswell concluiria que aqueles que não estão com medo no momento da morte (medo que só pode ser derrotado pela fé) não estão realmente pensando na morte, mas sim em aplausos. A tranquilidade deles seria uma pose. A resistência de Hume à fé seria questão de vaidade e ostentação.

É assim que se montou o quadro do que estava em disputa ao redor da cena fúnebre: um enlace entre as questões da vaidade e as da fé. E não seria equivocado compreender, por desdobramento, que se trata de um enlace entre, de um lado, as questões da reputação e do amor pela fama, e, de outro lado, a noção de vida após a morte, ou, se quisermos, de imortalidade da alma. Nessa oposição, vemos toda a distância que separa o Iluminismo dos escoceses do pensamento resolutamente conservador dos ingleses. Pois, embora nem todos na fronteira ao Norte compartilhassem do ceticismo de Hume, jamais passaria pela cabeça de Adam Smith ou de Adam Ferguson, por exemplo, opor a fé cristã à filosofia, menos ainda fazer da morte de um homem virtuoso um cavalo de pau para disputas ideológicas. Até por se recusar a isso, o panegírico escrito por Smith lhe valeu a acusação de ateísmo e infidelidade, como se o elogio da virtude fosse uma ameaça à religião.

Runcie ressalta que a associação entre esses temas da vaidade e da morte já era recorrente à época, como atesta, por exemplo, a pintura flamenga de natureza-morta, na qual a ostensividade dos objetos materiais costumava ser justaposta a crânios e vasos de flores que faziam lembrar da brevidade da vida terrena. Sem dúvida, a proximidade entre esses temas é central para a tradição cristã, que constrói, poderíamos dizer, uma espécie de "corte judicial" na cena da morte — ela faz da cena fúnebre o momento de um julgamento moral no qual o tema da vaidade é peça central. O discurso mais famoso acerca disso (como o próprio Runcie nos lembra) está no Eclesiastes — de onde vem o estribilho "vaidade das vaidades, tudo é vaidade" (Ecl 1,14 — BÍBLIA, 2015, p. 1315). A oposição traçada entre a soberba da vida terrena e o valor supremo da ordem divina (com a qual nos encontraríamos depois da morte) se estabelece como o cerne do julgamento das almas: uma vida conduzida de acordo com aqueles valores supremos merecerá a recompensa eterna, enquanto uma vida entregue às vaidades mundanas terá recaído em soberba e não será digna das vantagens divinas.

Para compreender a tranquilidade que Hume demonstrou diante da morte — podemos dizer: o poder de permanecer plácido diante dela sem apelar para a fé na continuidade da consciência após a morte do corpo — podemos nos basear no ensaio "Da imortalidade da alma", onde o autor explicita seus argumentos contra essa crença, atingindo a questão em seus aspectos metafísicos, morais e físicos (e consequentemente atacando a fé cristã não só nesse ponto específico da doutrina, mas em toda a sua institucionalidade, sua validade filosófica e seu sistema moral). Destaco aqui um momento desse ensaio em que Hume afirma que ter horror à morte é natural para o ser humano, embora não seja uma paixão original:

> Se nosso horror à aniquilação fosse uma paixão original, não efeito de nosso apego à felicidade em geral, ele provaria antes a mortalidade da alma. Pois como a natureza não faz nada em vão, ela jamais nos daria horror a um evento impossível. Ela pode nos imbuir de horror diante de um evento inevitável, desde que nossos esforços sejam, como no presente caso, o de mantê-lo a certa distância. A morte é, por fim, inevitável; e no entanto a espécie humana não poderia ser preservada se a natureza não nos tivesse inspirado aversão a ela (2008, p. 277-278).

Hume assume que a natureza nos inspira aversão à morte por ela ser inevitável e por essa aversão ser necessária para a preservação da espécie, sendo que, no entanto, essa aversão não seria baseada no horror à morte como uma paixão original da espécie, mas sim no nosso apego à felicidade em geral. À crença sobrenatural, Hume oferece a alternativa de uma simples explicação de teor naturalista.

É importante reconhecer que esse apego à felicidade também não se confunde com um apego à vida. Para Hume, assim como não há paixão original de horror à morte, não há paixão original de amor pela vida. Isso se depreende mais de outro ensaio dele, que teria sido publicado ao lado do "Da imortalidade da alma" (depois de uma pequena tiragem, os dois não foram mais publicados por receio da repressão eclesiástica e governamental, até aparecerem novamente juntos postumamente). Intitulado "Do suicídio", esse ensaio defende a naturalidade com que as pessoas podem se sentir desinteressadas pela vida até chegarem ao suicídio, sem que isso deva implicar qualquer julgamento moral —

justamente porque o desejo da morte seria tão natural quanto o desejo da vida (Hume, 2008).

Por isso é preciso dar destaque ao *apego à felicidade* a que Hume alude no parágrafo citado acima. O fundamental é reconhecer que, para ele, não há um apego à vida que se oponha a um horror à morte como paixões originais da humanidade. Há, apenas, um apego à felicidade, que seria o que nos prende à vida — coisa que não prova nada acerca da imortalidade da alma, a não ser, talvez, que não temos noção natural alguma da possibilidade de encontrarmos felicidade depois da morte.

Hume, então, apenas constata que: agrada-nos o bom da vida; é evidente que a morte é inevitável; é natural termos aversão à morte, mas a observação atenta de como "nada é perpétuo neste mundo", de como "cada ser, por mais firme que pareça, se encontra em fluxo e mudança contínuos" (Hume, 2008, p. 277), deve nos levar a evitar o apego exagerado e aceitar que, assim como a felicidade eventualmente termina, também a vida. E se toda a sua ciência leva a crer que, com o fim da vida, acaba-se também a consciência, não há o que temer, pois esse fim da felicidade não será o início de uma infelicidade, mas sim o fim de todo apego, de todo desejo.

Desse modo, para Hume, era natural que, recusando a doutrina religiosa, ele acabasse também recusando tudo aquilo que poderia inspirar horror à morte. Não havia um horror primordial à morte que somente a fé viria consolar; esse horror, na verdade, existia apenas dentro dessa mesma fé. Segundo Hume expõe em "Da imortalidade da alma", "em algumas mentes, é verdade, surgem certos terrores indescritíveis em relação ao futuro", só que eles "logo esvaeceriam se não fossem artificialmente insuflados por preceito e educação" (2008, p. 273). Ao questionar quais seriam os motivos daqueles que os insuflam, Hume diretamente responde: "unicamente obter sustento e adquirir poder e riquezas neste mundo" (2008, p. 273).

Ou seja, para Hume, era possível morrer com tranquilidade justamente por recusar a crença na imortalidade da alma. Não é que ele não precisasse da fé cristã para não temer a morte — ele não a temia *exatamente porque* não tinha a fé cristã. Sem essa fé, não havia horror; e Hume morria placidamente porque sua observação da natureza, seu sistema filosófico, que se sobrepunha ao sistema cristão, não promovia esse horror. Ainda é possível perguntar, claro, por que é que justamente aqueles que acreditavam na imortalidade da alma teriam medo da morte, enquanto aqueles que não acreditavam estariam em paz com a aniquilação. Como é possível que esse medo se constitua se ele anda a par com a promessa da imortalidade? Essa questão nos leva diretamente à segunda pergunta que fizemos acima, acerca da relação da vaidade com isso tudo. Porque o ponto é que essa promessa da imortalidade da alma não era feita, no sistema cristão, senão junto com um julgamento moral capaz de promover uma condenação eterna (tanto quanto uma salvação eterna). A morte ali não é pensada apenas como a passagem para um estado imortal da alma, mas sempre como a suprema provação, associada a uma espécie de corte judicial a determinar o valor do indivíduo.

O problema da vaidade em relação a essa corte judicial é que ela ajudaria a definir o valor da alma. Tomada como índice de egoísmo e frivolidade, seria condenável diante da moralidade cristã. E mesmo para quem recusasse esse sistema moral e desacreditasse na vida após a morte, o problema da vaidade também atingia o mundo dos vivos, porque dizia respeito à reputação. Mesmo para homens como Boswell, para quem a vaidade poderia ser tomada como índice de condenação da alma, é possível considerar que acusar Hume de vaidade no leito de morte visava atingi-lo não apenas na sua suposta alma imortal, como também, e talvez mais precisamente, na sua reputação viva. É possível afirmar que a acusação de vaidade julgava ferir porque atribuía a Hume um egoísmo frívolo diante da inquestionável seriedade da morte.

O sistema filosófico de Hume, entretanto, se levanta também contra isso, uma vez que a vaidade ali não é necessariamente índice de egoísmo e frivolidade. Na autobiografia que escreveu no início de 1776, intitulada "Minha própria vida", Hume confessa francamente que a "paixão governante" que o orientou em toda a sua vida foi a da "fama literária". Notemos como o texto começa e termina abordando o tema da vaidade:

É difícil para um homem falar longamente de si mesmo sem vaidade; portanto, serei breve. Pode de qualquer modo ser considerado uma forma de vaidade que eu pretenda escrever a minha vida; mas esta narrativa cobrirá pouco mais do que a história de minha escrita; como, de fato, quase toda a minha vida foi gasta em atividades e ocupações literárias. [...] Eu não posso dizer que não há vaidade em fazer esta oração fúnebre de mim mesmo, mas espero que não seja uma oração inadequada; e isso é uma questão que pode ser facilmente esclarecida e apurada (1987, p. xxxi-xli, tradução nossa).

O autor recusa, no começo, qualquer pretensão de vaidade ao opor a ela a brevidade de seu texto. No entanto, reconhece que, por mais curto que o texto fosse, escrevê-lo era inevitavelmente *uma forma de vaidade* (*an instance of Vanity*), além de terminar afirmando explicitamente a vaidade dessa sua "oração fúnebre de si mesmo", considerando que ela é adequada. E mais: afirmando que entender por que ela é adequada não deve ser difícil — um comentário muito bem-humorado se considerarmos a longa tradição de detração de sua vaidade e a pouca atenção que até hoje foi dedicada ao tema.

O mais notável é que, nesse momento crucial de sua vida, Hume aponta para sua vaidade dentro de uma autobiografia que não é muito mais do que a história de sua escrita (*history of my writings*). Isso nos permite depreender que o que está em questão é sua vaidade, sim, mas não uma vaidade em geral, relativa a seu porte, talento, inteligência ou o que for de sua pessoalidade, mas sim apenas aquela que é devida à sua obra. O que se deve observar aqui, portanto, é que Hume justifica sua vaidade à beira da morte como algo ligado ao valor de sua obra escrita.

Até certo ponto, a acusação de Boswell poderia mesmo estar correta: Hume de fato não tinha horror à morte também *porque* tinha vaidade. Só que a vaidade de Hume não correspondia a egoísmo e frivolidade, mas a outro tipo de valor da "alma". A vaidade, para ele, está ligada a um princípio de virtude por meio das estruturas da reputação que fazem com que o orgulho esteja submetido ao prazer alheio, assim como com que o caráter, como causa de prazer, dependa do juízo do outro para chegar a envaidecer. Entregue ao teste do tempo e da reputação vindoura, Hume oferecia sua vaidade, através de sua obra, à única forma de imortalidade que lhe era coerente: a imortalidade de seu caráter fundido ao valor de seu trabalho.

Se Hume acreditava que sua obra tanto se construía sobre certa delicadeza de gosto sua quanto contribuía para a promoção dessa delicadeza entre seu público, seria de se considerar que sua vaidade, incorporada em seu amor pela fama literária, não se pensava desgovernada ou inadequada. Se havia vaidade na postura de Hume diante da morte, ela não era senão orientada pelo amor à boa reputação como amor pela virtude e pela vida humana em geral, sem falar, é claro, na própria moderação, uma das virtudes mais cultivas pelo próprio Hume e uma das mais importantes dentro de seu próprio sistema.

Tendo feito o melhor que pôde em sua escrita, o valor de sua alma, fundido ao de sua obra, estava entregue ao público para que julgasse até quando ela (e ele, então) deveria viver. O amor pela própria reputação, em Hume, — isto é, sua vaidade — não era senão o amor que ele dedicava a sua possível contribuição à humanidade. De suas conquistas e limites, ficaria o julgamento do público, único juiz possível a determinar seus méritos, portanto a pertinência ou impertinência da vaidade que o movera.

É por isso que, apesar de reconhecer — mesmo reivindicar — sua vaidade e seu desejo de fama, é com essa comovente autodescrição que Hume encerra sua curta autobiografia:

> Para concluir historicamente com o meu próprio caráter. Eu sou, ou melhor, era (pois esse é o estilo que devo usar agora ao falar de mim mesmo, o qual me encoraja melhor a expressar meus sentimentos); eu era, digo, um homem de disposições amenas, de temperamento moderado, de um humor alegre, aberto e sociável, capaz de apego mas pouco suscetível à inimizade, e de grande moderação em todas as minhas paixões (1987, p. xl, tradução nossa).

2. O VALOR DA REPUTAÇÃO

"Nada é mais comum que homens de boa família, mas de poucos recursos, deixarem os amigos e o país natal, preferindo buscar entre estranhos os meios de sua subsistência, em trabalhos humildes e subalternos, ao invés de permanecer entre aqueles que estão familiarizados com sua linhagem e educação. Seremos desconhecidos, dizem, no lugar aonde iremos. Ninguém suspeitará de que família viemos. Estaremos longe de todos os nossos amigos e conhecidos, e, desse modo, nossa pobreza e inferioridade nos serão mais fáceis de suportar".

Hume, 2000

A filosofia de David Hume pode ser considerada um divisor de águas no pensamento sobre o amor pela boa reputação, uma vez que o resgata do debate circunscrito à noção de glória militar, religiosa, artística e política e o transpõe para o centro da vida comum. Nesse movimento, leva-nos a pensá-lo como uma paixão central da natureza humana, sendo a reputação uma paixão típica das formas de sociabilidade e, ao lado da benevolência, responsável pela possibilidade natural da vida gregária. Hume considera que, sem esse sentimento, o homem seria impedido de adquirir de maneira plena a virtude da justiça, a qual é, por sua vez, a grande "sustentação da sociedade" (Hume, 2000, p. 330) no que concerne tanto à sua fundação quanto ao seu desenvolvimento.

Tal argumento, que tentarei desenvolver ao longo deste livro, me foi sugerido há mais ou menos dez anos, na ocasião da leitura de um ensaio clássico de Michel de Montaigne intitulado *Da Glória* (*De La Gloire*). Nele, o pensador cético francês, que viveu no século XVI, empreende um poderoso ataque ao amor pela fama, e, influenciado pela doutrina filosófica do estoicismo, sugere que, das volúpias, a mais perigosa é a busca pela aprovação alheia.

No ensaio, Montaigne se empenha em enumerar, de um lado, os filósofos que veem o amor pela boa reputação como uma virtude e, de outro, os que o veem como um vício. No primeiro grupo ele destaca Carnéades, Cícero e, com algumas ressalvas, Platão e Aristóteles; e, no segundo, considera Crisipo, Diógenes e Epicuro (embora o acuse de recaída), além de citar Juvenal, Demétrio e Horácio e de se incluir entre estes últimos. Para tanto, o ensaísta francês parte de um argumento teológico contra a vaidade, defendendo que a glória é devida somente ao nome de Deus, não cabendo aos homens se preocuparem com ela. Ele toma a questão por um lado estritamente moral. Ainda que reconheça que eventualmente a fama possa gerar resultados benéficos — por exemplo, porque "Ela nos provém de boa vontade" (Montaigne, 2002, p. 453) — ele a declara viciosa e vazia quando tomada como um fim em si mesma, sendo, portanto, condenável que alguém a considere um princípio de orientação para o bem. Para Montaigne, nada senão o acaso, ou Fortuna, determina a fama e a glória dos homens, e isso não serve como farol para o juízo moral e a virtude. O autor chega a sugerir que a melhor vida seria aquela em que abrimos mão totalmente da opinião alheia — ela não possuiria valor algum diante da nossa relação com o próprio julgamento. O ensaísta escreve acerca dos outros que "Eles não veem meu coração, mas somente o meu aspecto. [...] Seus julgamentos, fundados em aparências externas, são incrivelmente incertos e duvidosos; e por isso não há testemunho mais seguro do que o de cada um sobre si mesmo" (Montaigne, 2002, p. 457).

Para leitores de Hume, essa posição de Montaigne salta aos olhos. Ela contraria frontalmente um dos princípios fundamentais da natureza humana tal como descrita pelo filósofo escocês.

Em seu *Tratado da natureza humana*, Hume inclui as opiniões alheias entre as causas principais que influenciam e orientam nossas paixões basilares, quais sejam, o orgulho, a humildade, o amor e o ódio. "Nossa reputação, nosso caráter, nosso bom nome", ele escreve, "são considerações de grande peso e importância; e mesmo as outras causas de orgulho — a virtude, a beleza e a riqueza — têm pouca influência quando não amparadas pelas opiniões e sentimentos alheios" (Hume, 2000, p. 350-351). Ora, o que Hume está dizendo é que as opiniões e os sentimentos alheios funcionam como um amparo ou uma validação daquilo que sentimos. E mais: aquilo que somos (nosso caráter) depende em grande medida do que os outros dizem e sentem a nosso respeito. Não faria qualquer sentido, para Hume, opor o valor das opiniões alheias à nossa relação com os próprios juízos e sentimentos, e certamente parece impraticável uma vida em que essas opiniões pudessem ser totalmente ignoradas. A posição de Hume em relação ao caso não contrasta apenas com o estoicismo de Montaigne. Ela surge em um contexto no qual o tema da reputação (e suas correlatas questões relativas à vaidade, à virtude e ao amor pela fama, por exemplo) sofria reformulações intensas, marcando o lugar de amplas disputas no campo dos assuntos morais, políticos e mesmo econômicos. Na verdade, chega a ser possível argumentar que o tema da reputação era *ubíquo* na sociedade europeia do século XVIII.

Se levarmos em conta que a posição de Hume em relação a esse tema, nesse contexto, era não só inédita como também transversal em relação a outras posturas assumidas, começamos a compreender como ele assinala um aspecto importante para o estudo de sua filosofia. A reputação é uma tópica recorrente ao longo de toda a História da Filosofia, mas, nos estertores da filosofia moderna, torna-se especialmente importante. Dissertar sobre essa paixão era quase mandatório — de Bacon a Addison, dificilmente um pensador ou ensaísta ignorava o assunto que, diga-se, era (e ainda é) de grande atrativo para as conversas ordinárias de salão.

O argumento da *ubiquidade* da reputação no século dezoito, particularmente no território britânico, é defendido pelo historiador Faramerz Dabhoiwala. No artigo *The Construction of Honour, Reputation and Status in Late Seventeenthand Early EighteenthCentury England* [*A Construção da Honra, da Reputação e do Status na Inglaterra do Final do Século Dezessete e Começo do Século Dezoito*], de 1996, ele avalia que as noções de honra e reputação "faziam parte de como os indivíduos nesta sociedade concebiam a relação entre a vida privada e a vida pública, e entre a projeção e a percepção do caráter de alguém" (Dabhoiwala, 1996, p. 201). O vocabulário corrente da época assinalava a existência de uma verdadeira "linguagem da reputação" a marcar as formas de presença pública e circulação social dos indivíduos. Dabhoiwala destaca, por exemplo, como termos que eram usados para definir *o valor de uma pessoa* passam a ser bem mais frequentes na linguagem da época, tais como "qualidade" (refinado, rude, escrupuloso, infiel), "honra" (honrado, desonrado), "crédito" (confiável, caloteiro), "nome" (bom nome, nome sujo), "fama" (boa fama, má fama), "linhagem" (boa/má estirpe, *pedigree*) e "condição" (rico, pobre), noções todas que se organizam, de certo modo, ao redor da noção de reputação. Tal linguagem, como indica Dabhoiwala, marcava a constituição de uma espécie de cultura da reputação, um "amplo sistema de valores" (*broad value system*) que ele chama de "ideologia da reputação" (embora seja questionável se "ideologia" é mesmo o termo mais adequado para o caso).

É evidente que essa "ideologia" não teria surgido por acaso ou do nada. O fator mais fundamental para isso pode ser identificado no florescimento do que na época se chama "sociedade comercial". Em termos abstratos, é possível dizer que o caráter e a reputação funcionam como lastros para emprestar mais segurança às trocas: o cultivo da boa reputação adquire proeminência na sociedade comercial porque, dependendo da opinião alheia sobre este ou aquele indivíduo, produto, propriedade ou instituição, o valor desse indivíduo, produto, propriedade ou instituição (assim como a confiança depositada nele ou nela) aumenta ou diminui, o que altera seu lugar e preço nas dinâmicas sociais. Em outras palavras, é como se a reputação assumisse o papel de um ativo pessoal e institucional capaz de garantir os níveis necessários de confiança para que as "trocas" possam ocorrer de modo mais fluido e seguro.

Talvez isso soe óbvio nos tempos atuais, mas estava longe de o ser em uma sociedade incipiente nas práticas e artimanhas do comércio. Em uma monarquia absolutista, obter honra e bom nome dependia mais de um processo em que era preciso agradar a corte e corresponder aos seus ditames hierárquicos do que levar uma vida pautada pela boa conduta e pela indústria. É somente com a ascensão da sociedade mercadológica burguesa que começa a se instaurar esse cenário em que a noção de reputação ganha importância para a economia de um modo geral — afetando de uma nova forma todas as esferas de poder e influência.

Além disso, como se sabe, tais transformações econômicas não tiveram lugar sem ocasionar mudanças em quase todos os aspectos da vida comum. No âmbito político, por exemplo, há um notável ponto de inflexão na Revolução Gloriosa de 1688, a chamada "revolução sem sangue", a partir da qual a Inglaterra promove o fim do absolutismo monárquico e faz revigorar o parlamento, tornando-o centro do poder. Esse movimento vai tanto alimentar a reputação como uma questão política, quanto redundar na estabilidade econômica (de resto compartilhada por quase toda a Europa) que fundamenta as transformações culturais e dinâmicas da sociedade mercantil. Sob o véu dessa estabilidade, uma notável efervescência cultural e política começa a desenhar uma nova ordem social, capitalista e cosmopolita, na qual a boa reputação, seja para os indivíduos, seja para as instituições, operará de maneira distinta daquela como operava nas sociedades regidas pelos princípios hereditários da nobreza e pelos preceitos religiosos do clero. Trata-se de um momento da história europeia em que, por um lado, o desenvolvimento do comércio depende cada vez mais de governos livres (e contribui, portanto, para a promoção dos ideais constitucionalistas); e, por outro lado, a vida social das classes mais altas começa a desenhar uma curva de distanciamento das regras de convivência das cortes absolutistas para se reorganizar em novos e mais sensivelmente valorizados espaços de convivialidade, como, por exemplo, o seio familiar, os clubes e as facções políticas.

O historiador Roy Porter, por exemplo, em seu livro *English Society in the Eighteenth Century*, dá destaque para as transformações "ideológicas" vivenciadas pelas classes mais altas. Elas apontam para as "tentativas da sociedade educada e polida em validar estilos de vida mais individualistas, em conformidade com os ideais de liberdade, progresso e refinamento" (Porter, 1990, p. 4). Ainda que consideremos um exagero do historiador, o fato é que Porter sugere que a fome e a miséria em grande escala já não eram mais preocupações tão centrais para a insurgente sociedade da era georgiana, mas a castidade das mulheres, a fidelidade dos homens, a imagem do parlamento e dos parlamentares, os excessos na vida comum e na vida pública, estas sim, eram preocupações que ganhavam proeminência

(Porter, 1990, p. 12). E embora essas sejam questões que apontem, sempre, para a centralidade da reputação especificamente nas dinâmicas da alta sociedade, tal centralidade cria uma espécie de aliança entre o problema da reputação e as dinâmicas de poder na sociedade em geral. Já não seria possível falar de política, bom gosto, comércio ou quaisquer relações sociais em sentido amplo sem passar pelo tema da reputação.

Um fator notável para essa questão da ubiquidade da reputação é o florescimento da imprensa livre. A investigação da vida alheia, tanto no âmbito público quanto no âmbito privado, ganha novos contornos com o crescimento acelerado das publicações periódicas e a facilidade de acesso às impressões em série. A imprensa se consolidava como uma espécie de vitrine dinâmica de reputações, ora as construindo, ora as destruindo. Se, na Grécia Antiga, onde a principal forma de traduzir "reputação" era o termo "doxa", a retórica cumpria um papel em conferir e minar reputações, na modernidade esse papel é de certo modo desempenhado pela imprensa. Algo acerca disso pode ser vislumbrado em um ensaio do próprio Hume — *Um perfil de* sir *Robert Walpole* —, no qual o filósofo nos dá uma amostra desse cenário:

> Nunca houve homem cujas ações e caráter tenham sido investigados de maneira tão severa e aberta quanto o atual ministro, que, tendo por tão longo tempo governado uma nação instruída, em meio a forte oposição, pode reunir uma grande biblioteca com tudo que se escreveu a favor dele e contra ele, pois é objeto de mais da metade do papel impresso nesta nação nos últimos anos" (Hume, 2009, p. 259).

Descontada a hipérbole do filósofo ("mais da metade do papel impresso nesta nação"), a passagem aponta para o fato de que os códigos, as noções e as injunções de reputação, honra e *status* não só evoluíam em relação ao século anterior, como se tornavam quase que uma obsessão da opinião pública. Nessa dinâmica, mais do que nunca, as opiniões dos outros parecem assumir o papel de conferir a cada pessoa ou a cada instituição um determinado valor, não só em termos econômicos, mas também políticos e sociais — esse valor vindo a se converter em códigos que permitirão a essa pessoa ou instituição participar ou não daquela sociedade que marchava rumo à prosperidade e ao refinamento, isto é, sendo útil ou não nesse processo, conforme fosse ou não aceito pelo gosto das avaliações sociais.

Dentro desse quadro, é possível afirmar que o debate filosófico da época acerca do tema oscilava entre algumas posições mais ou menos bem definidas. De um lado, podemos isolar opiniões que permaneciam enraizadas em ideais herdados da Idade Média ou do Renascimento, como a condenação cristã e estoica da glória — tal como assinalada aqui através da figura de Montaigne. De outro lado, encontramos certa recuperação de um ideal romano que via na glória de grandes figuras públicas um elemento importante para a ordem social — destaque-se aí, por exemplo, a figura de Alexander Hamilton, cuja célebre frase *"Love of fame, the ruling passion of the noblest minds"* assinala sua herança ciceroniana.

Essa postura de Hamilton, por sua vez, também encontrava oposição em figuras como Thomas Jefferson, outro *Founding Father* norte-americano, o qual também recuperava o valor social e moral da glória, porém, de modo mais alinhado a Bacon e Voltaire, acreditando que ela só era devida à filosofia, não a conquistas militares ou serviços públicos. Essa posição iluminista havia sido defendida também, por exemplo, por Alexander Pope, que, acreditando na existência de uma espécie de ordem cósmica que se pudesse refletir em uma ordem moral, vinha a confiar na fama como um indicador de virtude. Diderot e outros, posteriormente, também afirmariam uma confiança em certa posteridade letrada que viria retirar da mediania e exaltar na história alguns filósofos desprezados em seu tempo. Contra a condenação moral (cristã e estoica) da glória e do amor pela fama, portanto, havia sua defesa, na qual se disputava quais virtudes poderiam ser associadas a ela — se virtudes cívicas e mesmo militares, ou se apenas virtudes intelectuais e científicas.

Ao mesmo tempo, ainda em outra posição, na defesa da sociedade comercial e da necessidade de uma maneira moderna de considerar os valores virtuosos ou viciosos do amor pela fama, pensadores como James

Madison e Adam Smith compreendiam que as paixões (com destaque aí para a ambição ou o interesse próprio) poderiam garantir, para a sociedade, uma ordem e um progresso com mais eficácia do que a própria virtude. Destaque-se também a figura de Mandeville, que celebrava os vícios particulares em nome de seus consequentes benefícios públicos. O debate sobre a reputação e a glória era inserido, por eles, em uma compreensão da sociedade comercial que alterava os parâmetros pelos quais deveriam ser medidos o virtuoso e o vicioso. O apelo do discurso moralista acerca dos vícios e virtudes da glória, nessa visão, não seria capaz de se conectar realmente com a verdadeira função social da moralidade, de modo que, em uma sociedade comercial, mais valia o controle da ambição através de outra ambição, isto é, o manejo das paixões e, portanto, uma forma de administração da reputação e do amor pela fama, do que um discurso moralista que os validasse ou condenasse por si mesmos (Sabl, 2006).

A posição de Hume nesse debate é singular. Reconhece-se a enorme importância que ele deu ao tema tanto em sua obra quanto em sua vida pessoal — o que, inclusive, despertou discussões acerca de seu caráter, como vimos na Introdução. Ela não se alinha em nenhuma dessas tendências, mas as reelabora de tal modo que, pela sua força e ineditismo, pode ser considerada um divisor de águas na questão. Nos últimos trinta anos, as principais pesquisas que se esforçaram por reavaliar o lugar da reputação no pensamento de Hume de maneira exegética e objetiva foram os trabalhos de Andrew Sabl, Robert A. Manzer e M. G. F. Martin.

A conclusão de Sabl sobre o tema é que a posição de Hume nessa questão é ambivalente, aporética, carente de uma determinação precisa. Ele reconhece que o tema da fama perpassa toda a obra do filósofo escocês, "não apenas os escritos que compõem o seu sistema moral como também os ensaios, as cartas, a autobiografia e a *História*", (2006, p. 542) mas toda essa dedicação ao tema não a teria retirado da problematização de outras posições reconhecidas e a lançado para um novo solo firme.

Segundo ele, Hume se dedicou a uma dialética exaustiva sobre o assunto, considerando e rejeitando quase todas as atitudes possíveis acerca da fama. Mas, ao fazê-lo, ele não

Pressupôs que tal dialética poderia levar a uma solução definitiva ou que tal solução, se existisse, poderia destruir, nele ou em qualquer outro, a paixão pela fama que, afinal, decorre da razão. A inabilidade de Hume em chegar a uma posição final em relação à fama — em sua vida ou em seu testamento final — joga luz sobre a tragédia mais larga, ou a ironia, de um pensador posicionado entre tradições diferentes de fama: uma teologia de ordem cósmica, justiça e serviço público à la noblesse oblige versus um quadro geral "moderno" de transformação social, fluxo cósmico e carreiras baseadas em autopromoção (Sabl, 2006, p. 543).

Ou seja, a "dialética de Hume" flertaria com a hesitação, enquanto sua posição final, mesmo ficando longe dos pontos de partida, acabaria ainda distante de uma conclusão. Segundo Sabl, em Hume:

> A fama como reputação é sociável, mas conformista. A fama como dignidade é admirável, mas impossível de ser sustentada pela maioria dos homens. A fama como uma promessa divina é um mito comovente o bastante para nos enlevar, mas incapaz de resistir à mínima reflexão. A fama como estima por conquistas pessoais é prazerosa o suficiente, mas fraca demais para contrabalançar as paixões do mundo real. A fama como glória militar é forte o bastante para nos encorajar diante de toda sorte de dificuldades e perigos, mas tão mal direcionada que acaba por incitar atos imorais e não atos morais. Finalmente, a busca da fama literário-filosófica, embora menos perigosa do que a das conquistas e possivelmente benéfica, tem enorme potencial de terminar em desapontamento (Sabl, 2006, p. 559).

Robert Manzer, por sua vez, (mais próximo de nossa própria interpretação) não considera de maneira tão negativa a incompatibilidade de Hume com os outros autores e posturas de sua época. Para ele, a posição de Hume é objetiva, ainda que singular e transversal às demais. Manzer reconhece que Hume se aproximava bastante do constitucionalismo liberal de sua época, sendo possivelmente o autor mais profundamente dedicado a fundamentar uma compreensão das dinâmicas sociais, morais e políticas que se baseasse puramente em uma forma de administração das paixões. Ele escreve:

> Nenhum escritor acolheu o apelo do constitucionalismo liberal às paixões com mais entusiasmo do que Hume. Seus ensaios repetidamente incitam seus leitores a darem atenção não ao cultivo da virtude, mas ao desenvolvimento de mecanismos, tais como controles constitucionais, códigos fiscais e incentivos econômicos, que irão direcionar as paixões. Além disso, sua defesa tenaz da "redução" da política a uma ciência e sua maior contribuição para essa ciência, a grande república mecanicista e decididamente não-clássica, refletem a centralidade de tais mecanismos para o constitucionalismo liberal de Hume (Manzer, 1996, p. 334).

Mas, como afirma Manzer, Hume não era tão resistente (*dismissive*) em relação à fundamentação moral das virtudes humanas como alguns críticos contemporâneos alegam e reconhecem em outros liberais. Antes, ele procurou preservar um lugar para a virtude na esfera privada da honra e do caráter, onde ela ajudaria a prevenir o excesso de libertinagem. Mesmo a glória pública, aquela direcionada a grandes governantes ou escritores, não era totalmente desconsiderada por Hume apenas por não possuir uma forte utilidade cívica — Manzer mostra de que forma o sistema filosófico do escocês atribuía ao amor pela fama uma complexa dinâmica de constante reavaliação do próprio caráter, dinâmica essa responsável por profundas sustentações do prazer pessoal e, consequentemente, de todas as dinâmicas morais em que a reputação estivesse envolvida — aí inclusa a sociedade comercial de um modo geral. O artigo procura dar conta da visão de Hume segundo a qual o orgulho e a paixão pela reputação ajudam a elevar o caráter da sociedade comercial liberal, além de explorar sua posição em relação aos problemas que surgem do fato de o orgulho e a paixão pela fama não serem totalmente compatíveis com o éthos igualitário e humanitário do constitucionalismo liberal. Embora de fato não seja possível encaixar Hume em nenhuma das outras posições de seu tempo no debate acerca da moralidade da glória e do amor pela fama, isso não teria culminado em uma posição aporética: Hume teria, na verdade, encontrado um lugar coerente que reunia valores clássicos e valores liberais em seu sistema científico da natureza humana.

Um dado interessante de se destacar é como isso se refletia na postura de Hume em relação ao ascendente capitalismo de sua época. Margaret Schabas e Carl Wennerlind (2020) afirmam acerca desse ponto:

> Hume acreditava apaixonadamente que o seu mundo capitalista estava na vanguarda do florescimento humano, que o comércio e a prosperidade que ele engendrava serviam para promover uma sociedade mais polida, mais civil e secular. Ele também acreditava que o comércio internacional e irrestrito era um dos melhores meios disponíveis para reduzir guerras e conflitos (Schabas; Wennerlind, 2020, p. xv).

Os autores destacam que não é o caso de se endossar essa visão de Hume, até porque os acontecimentos dos últimos dois séculos apontam para o lado oposto — isto é, o capitalismo, em vez de trazer paz e prosperidade gerais, aumentou as desigualdades e os conflitos. Seria esse desvio uma evidência de que a moral humiana se equivocara ao acreditar que a sociedade liberal seria capaz de sustentar uma moralidade própria e natural que, inclusive, depurasse a moralidade clássica e trouxesse dela o que havia de melhor em relação à glória? Segundo Schabas e Wennerlind, o valor de uma reflexão a respeito disso está na tentativa de entender os caminhos que *não* foram tomados para que o capitalismo seguisse por um rumo diferente daquele visionado por Hume. Pois o fato é que, para Hume, a sociedade comercial (o que hoje poderíamos denominar de "aquele protossistema liberal") era o mais apto para deixar a natureza das paixões e dos costumes seguirem o seu próprio fluxo, o qual tenderia naturalmente para o equilíbrio, portanto, para a promoção das paixões benéficas e calmas, para o progresso e a prosperidade — ou seja, seu sistema liberal caminhava em direção a uma harmonia clássica. Não deve espantar, dessa forma, que a glória clássica também encontrasse um lugar nesse sistema, que as honras cívicas e o amor pela fama também fossem centrais para a economia das paixões e para o sistema político de Hume.

Retomando a consideração dos estudos que investigam a posição de Hume acerca da reputação e do amor pela fama, destaco ainda um artigo de M. G. F. Martin (2006), que dá especial atenção à relação entre a paixão do orgulho (*pride*) e o princípio da simpatia em Hume. Seu artigo é importante porque ele procura mostrar como a teoria humiana da simpatia é mais nuançada do que se costuma admitir.

Por fim, quero destacar que a questão da reputação também é considerada por Glathe (1950) quando ele discute o tratamento que Hume dá aos sentimentos de orgulho e humildade e suas intermediações simpáticas. Em seu exame da questão, ele considera que o elogio e a condenação, constitutivos de nossa boa reputação ou infâmia, sendo causas dos sentimentos de orgulho e humildade, produzem um prazer e uma dor que dependem proporcionalmente da nossa relação com aquele que nos elogia ou com aquele que nos difama. Já Árdal (1996), em seu livro, é bastante econômico nos seus comentários diretos sobre a fama, embora sua análise da teoria das paixões em Hume aponte para a questão da problemática circularidade que se encontra no centro da busca pela boa reputação: o fato de que o elogio verdadeiro, isto é, aquele que me comove de fato, seja aquele que coincide com a opinião que tenho de mim mesmo. Como romper essa circularidade? A resposta para essa questão será abordada no ensaio sobre o governo das paixões. O que se pode adiantar por ora é que a circularidade é quebrada por outra paixão, a saber, nosso amor pelo mérito (*praiseworthy*).

Este livro é o resultado de minhas pesquisas sobre o tema. Nelas, tracei uma divisão clara entre tal tema na filosofia de Hume e o que seria sua presença em suas cartas e vida pessoal, e me dediquei apenas ao primeiro campo. Indo além de uma simples busca pelas abordagens diretas de Hume ao vocabulário da reputação, procurei compreender de que forma ela atua no sistema anatômico da natureza humana desenhado pelo filósofo. O que se pode concluir dessa análise é, acredito, mais vasto e objetivo do que as análises mencionadas acima. O tema da reputação, com seu correlato passional (a questão do amor pela fama), mostrarei, ocupa lugar central nesse sistema anatômico, pois sem ele não se tem uma visão completa e estruturada das teorias humianas da sociabilidade, da moral e da justiça. O que será apresentado nos próximos ensaios é que a questão da reputação, a partir de Hume, deve ser lida como constitutiva da noção de caráter e, consequentemente, como fundamental tanto para um pensamento da sociedade enquanto dinâmica populacional, quanto para o modo como essa dinâmica constitui sua moralidade e sua justiça.

3. A FILOSOFIA MORAL, UMA QUESTÃO DE MÉTODO

A filosofia na época de Hume se dividia em dois ramos principais. A chamada filosofia natural (*Natural Philosophy*) se dedicava às investigações acerca dos fenômenos da natureza e reunia o conjunto de ciências que posteriormente se dividiria em especialidades mais isoladas, como a matemática, a física, a química, a astronomia e a biologia. Essas ciências ainda não haviam se tornado campos diferentes de conhecimento e todas compunham a investigação do filósofo natural. De outro lado, havia a filosofia moral (*Moral Philosophy*), que investigava a sociedade e a mente humanas. Dessa filosofia viriam se desdobrar disciplinas como a história, a sociologia, as ciências políticas, a economia e a psicologia. Ora, o *Tratado da natureza humana* traz o seguinte subtítulo: "uma tentativa de introduzir o método experimental de raciocínio nos assuntos morais". O método experimental a que Hume se refere era algo que havia sido desenvolvido principalmente na filosofia natural. Entende-se, portanto, que sua obra se apresentava precisamente como uma tentativa de levar tal método para o campo da filosofia moral.

Em linhas bastante gerais, podemos dizer que o *experimental reasoning* consistia na realização de experimentos a partir dos quais se buscava extrair leis de funcionamento da natureza. Assim, por exemplo, quando Isaac Newton observava, com um telescópio, o movimento dos astros e, a partir disso, formulava as leis da gravitação universal — estabelecendo os cálculos capazes de fazer corresponder seus resultados com o que era observado —, oferecia um dos mais altos exemplos desse método. Esse movimento de pesquisa envolve também um princípio de redução:

passa-se de um conjunto potencialmente infinito de experimentos (os dados coletáveis de todas as observações que se possa fazer dos movimentos dos astros) para um conjunto bastante reduzido de leis gerais (algumas poucas fórmulas e conceitos matemáticos). E note-se que a qualidade do método não está somente na possibilidade de associar fenômenos naturais a estruturas matemáticas, mas também em uma postura específica do filósofo diante de seus objetos: o raciocínio experimental, de certo modo, reduzia a presunção da filosofia em seus enunciados acerca do mundo — Newton não diria que havia descoberto a gravidade ou a existência de forças que atuavam à distância entre os corpos celestes, mas apenas que suas fórmulas eram capazes de prever com exatidão o movimento desses corpos. A teoria passava a ser uma espécie de "modelo que funciona", em vez de arrogar para si um estatuto metafísico mais soberbo.

Podemos, portanto, resumir o *experimental reasoning* em três linhas de força principais: basear-se na experiência; redução concisa, a leis gerais, da multiplicidade de experiências possíveis; e "retração" do discurso filosófico à aplicabilidade dos resultados do método. Essa apresentação do *experimental reasoning* resume uma ideia que se desenvolveu de maneiras diversas no trabalho de muitos pensadores (filósofos naturais ou morais), como Francis Bacon (1973, 1985), John Locke (1988), Lorde Shaftesbury (2001), Bernard Mandeville (2018), Francis Hutcheson (2003, 2008) ou James Butler (2017), elencados por Hume no *Tratado*. Mas vejamos como David Hume o apresenta:

> Parece-me evidente que, a essência da mente sendo-nos tão desconhecida quanto a dos corpos externos, deve ser igualmente impossível formar qualquer noção de seus poderes e qualidades de outra forma que não seja por meio de experimentos cuidadosos e precisos, e da observação dos efeitos particulares resultantes de suas diferentes circunstâncias e situações. Embora devamos nos esforçar para tornar todos os nossos princípios tão universais quanto possível, rastreando ao máximo nossos experimentos, de maneira a explicar todos os efeitos pelas causas mais simples e em menor número, ainda assim é certo que não podemos ir além da experiência. E qualquer hipótese que pretenda revelar as

qualidades originais e últimas da natureza humana deve imediatamente ser rejeitada como presunçosa e quimérica (Hume, 2000, p. 22-23).

Encontramos aí, a cada frase, os três caracteres do método experimental que listamos acima. Hume quer levar o *experimental reasoning* para a filosofia moral, isto é, para o estudo da humanidade; por isso, toma como primeiro objeto de preocupação a mente humana. Começa, então, por fazer uma analogia entre a mente e os corpos externos (que são o objeto de estudo do filósofo natural), conclamando à realização de experimentos cuidadosos e precisos. Ressalta, em seguida, a necessidade de encontrar causas simples, isto é, princípios básicos, e em menor número, para toda a multiplicidade de formas que a humanidade pode assumir. E por último observa que os resultados dessas pesquisas não podem ser mais do que um modelo construído entre os experimentos e sua análise, não podendo ser tomados como a revelação definitiva da natureza humana.

A proposta não é complicada, realizá-la é que é mais exigente. Todos nós assumimos premissas quando consideramos as situações cotidianas. De assuntos banais (como a própria alimentação) a decisões de consequências históricas (como uma atuação política), passando pelas nossas relações pessoais e profissionais, fazemos escolhas baseadas em nossos gostos, opiniões, sentimentos e experiência de vida. Ainda que não paremos para analisar o que consideramos um bem, em oposição a um mal, julgamos acontecimentos, ações e pessoas. Não é possível viver sem ter uma visão de mundo estruturada, um modo de considerar as coisas — os alemães diriam uma *Weltanschauung*, "visão de mundo". O que o método experimental aplicado à natureza humana exige, entretanto, é que abdiquemos dessas premissas e procuremos, com base em experimentos "cuidadosos e precisos", reconhecer quais podem ser as estruturas internas que permitem a constituição de toda a variedade de concepções de mundo possíveis. Como Mandeville diria, a natureza é como é, e não como gostaríamos que fosse ou como a idealizamos — ou, em suas palavras: "Uma das grandes razões pelas quais tão poucas pessoas compreendem a si mesmas é que a maioria dos escritores está sempre ensinando aos homens aquilo que deveriam ser e raramente se preocupam em dizer aquilo que eles são" (Mandeville, 2018, p. 49). Para esses filósofos — Hume e Mandeville —, era preciso observar como as coisas são e buscar um modelo bem-feito de seus princípios, antes de querer saber como as coisas deveriam ser. Os pensamentos do autor do *Tratado* e do autor da *Fábula* estão próximos nesse aspecto: ambos se propõem a *descrever* a natureza como ela é, procurando, nessa descrição, identificar um número reduzido de causas que sirvam para explicar a variedade dos efeitos, evitando conceitos e definições assumidos *a priori* como princípios de caráter absoluto ou transcendental. De posse de um modelo assim de natureza humana, eles acreditavam, poderíamos construir uma ciência dos movimentos da sociedade, da política, da história, da economia e mesmo das leis e da moral.

Seria um grande percurso para o leitor ter de percorrer em detalhes o modelo que Hume constrói, a estrutura de natureza humana que ele imagina que serviria de causa para toda a variedade de nossas experiências. Neste livro, veremos um pouco mais a fundo esse modelo apenas no que diz respeito ao nosso tema, isto é, a questão da reputação, o que nos demandará alguma exploração da Teoria das Paixões junto a alguns traços relativos ao Entendimento e à Moral. Mas antes, de qualquer modo, precisamos considerar mais alguns detalhes sobre *como* Hume constrói seu modelo, para ter uma ideia melhor de como ele funciona.

A primeira determinação de Hume está em assumir que a mente humana é uma espécie de lugar neutro no qual vão se imprimir elementos vindos "de fora", do mundo empírico, natural. Essa distinção é menos clara do que parece, mas, em todo caso, podemos dizer que a palavra "corpo" designa algo que habita o mundo, enquanto "mente" se refere ao lugar desse "corpo" onde se dá a consciência, onde se constitui a própria ideia de natureza humana. Hume descarta explicar de que modo o corpo percebe o mundo; para ele, isso é questão para a anatomia, a física, a biologia, ou seja, a filosofia natural. O que é evidente é que nós percebemos os elementos do mundo ao nosso redor, eles se imprimem em nossa mente, e é nesse ponto que pode começar a investigação.

Resolve-se assim o problema dos princípios assumidos a priori: Hume parte de um conceito neutro de mente humana e tenta formular de que modo a simples percepção do mundo externo seria capaz de constituir todos os nossos pensamentos.

Uma primeira distinção importante que ele faz, então, é entre o que chama de *impressões* e o que chama de *ideias* — formas distintas para o mesmo elemento, a simples percepção. Assim começa o *Tratado*:

> As percepções da mente humana se reduzem a dois gêneros distintos, que chamarei de IMPRESSÕES e IDEIAS. A diferença entre estas consiste nos graus de força e vividez com que atingem a mente e penetram em nosso pensamento ou consciência. As percepções que entram com mais força e violência podem ser chamadas de impressões; sob esse termo incluo todas as nossas sensações, paixões e emoções, em sua primeira aparição à alma. Denomino ideias as pálidas imagens dessas impressões no pensamento e no raciocínio, como, por exemplo, todas as percepções despertadas pelo presente discurso, excetuando-se apenas as que derivam da visão e do tato, e excetuando-se igualmente o prazer ou o desprazer imediatos que esse mesmo discurso possa vir a ocasionar. Creio que não serão necessárias muitas palavras para explicar essa distinção. Cada um, por si mesmo, percebe imediatamente a diferença entre sentir e pensar (Hume, 2000, p. 25).

Note-se que Hume já assume, de saída, que tudo aquilo que pensamos foi, um dia, uma percepção — as nossas ideias não são senão formas menos vívidas, menos pungentes, de impressões. E observe-se também um detalhe importante: o filósofo inclui, entre as impressões, as paixões ou emoções. Ou seja, devemos corrigir um detalhe acerca da distinção entre "dentro" e "fora" que assumimos anteriormente: nem todas as nossas percepções vêm de fora do corpo, algumas vêm "de dentro" — o próprio corpo produz emoções, sentimentos, paixões, prazer e desprazer, e essas sensações surgem na mente do mesmo modo que as percepções dos objetos do mundo. Nosso corpo, portanto, embora possa ser considerado o meio pelo qual o mundo gera impressões para nossa mente, não coincide com essa mente — para Hume, ele é, de certo modo, também externo à mente.

Esse, em suma, é o ponto de partida para o método experimental de Hume: a mente humana como um espaço neutro, sem determinações prévias; e impressões que surgem nessa mente e que passam a se diferenciar umas das outras em graus da força com que estão ali (no que ganham o nome de ideias, quando menos fortes). Falta formular, para dar a partida, de que modo essas impressões e ideias podem se combinar entre si para começar a dar origem a toda a variedade dos modos de ser da humanidade, isto é, explicar como é possível que apenas isso dê origem a toda a complexidade humana e, ao mesmo tempo, como apenas isso dá origem não somente a *uma* complexidade, mas a toda a variedade cultural e histórica das formas humanas.

Para realizar tanto, o modelo de Hume vai escalando por novas definições básicas, distinções e mecanismos fundamentais. Por exemplo, ele distingue entre impressões de sensação (ou originais) e impressões de reflexão (ou secundárias). Ele identifica sete classes pelas quais os objetos (no caso, as impressões e ideias) podem ser investigados (semelhança, identidade, espaço e tempo, quantidade ou número, graus de qualidade, contrariedade e causa e efeito, aos quais depois adiciona a ideia de negação), em seguida distinguindo, entre elas, aquelas que dizem respeito somente às puras relações entre ideias e aquelas que dizem respeito a questões de fato. Ele apresenta três modos pelos quais as impressões e ideias podem se compor (semelhança, contiguidade e causalidade). Propõe um novo entendimento da noção de causalidade, baseada inteiramente no costume ou no hábito, ao invés do princípio racional assumido *a priori*. Situa de maneira específica o conceito de *imaginação*. Formula uma ideia peculiar de crença e desdobra uma distinção entre certezas, provas por indução e probabilidade. Além de muitos outros elementos que compõem seu sistema e que, ao contrário dos mencionados, não vamos apresentar por aqui.

Observemos melhor o que está acontecendo. O primeiro passo, por mais instintivo que possa parecer (é evidente que nós sentimos e que nós pensamos), foi já um uso performático de conceitos que projetam uma causa geral para uma variedade infinita de experiências. Isto é, ao dizer que só existe a percepção e que ela se divide em impressões e ideias, Hume já está criando um modo de se reduzir todas as coisas pensáveis a um conjunto de apenas duas formas. Por isso, o detalhamento posterior de novas definições e distinções será "apenas" a instauração de princípios diferenciadores que vão aproximar essa generalidade máxima das especificidades da vida humana — por exemplo, conforme as impressões se distinguem entre percepções de objetos ou emoções, e as emoções se distinguem entre calmas e violentas, e entre positivas e negativas etc., até que toda descrição possível de uma emoção particular possa ser enquadrada na classificação proposta. Essa *classificação* será, assim, um modelo geral e empiricamente construído de natureza humana.

Deve se tornar evidente, neste ponto, que a analogia que Hume fazia da filosofia abstrusa com a anatomia não era meramente ilustrativa. Essa forma de construir modelos classificatórios que buscam, por sucessivas distinções, chegar a uma forma mínima que valha para toda a variedade dos corpos e experiências é justamente aquilo que é feito na ciência anatômica, que estava em pleno desenvolvimento na época de Hume, notadamente na Faculdade de Medicina da Universidade de Edimburgo. Por mais que tenhamos dado destaque à física de Isaac Newton como o grande paradigma do *experimental reasoning*, o fato é que a ciência anatômica compõe, com ele, o quadro das referências científicas de Hume.

Era comum que se visse a existência de uma ordem sistemática, anatômica, na natureza como evidência de uma existência divina. Até hoje esse raciocínio é comum: se o mundo é tão ordenado, certamente é porque existe uma inteligência por trás dele, uma inteligência capaz de ter criado essa ordem; logo, existiria um Deus, portador dessa inteligência como criador do mundo. Hume recusa a possibilidade de concluir de forma tão direta pelo valor metafísico do sistema anatômico que a ciência traça para a natureza. Se não há experiência direta de Deus, não se deve concluir pela sua existência; a presença de elementos ordenados no mundo é evidência apenas para a existência de ordem, não de um ordenador. Isso não quer dizer que Hume recuse qualquer possibilidade de uma metafísica — o que ele faz é condenar apenas um certo tipo de metafísica, buscando abrir caminho para o cultivo de uma "boa metafísica". A questão é se lembrar daquele terceiro traço assinalado do *experimental reasoning*: a própria metafísica estando submetido aos preceitos do método experimental, ela também deve assumir sua modéstia. Uma consequência importante disso é que, nessa posição, ela acaba se encontrando com sua própria historicidade. Hume argumenta que "por mais malsucedidas que tenham sido as tentativas anteriores, sempre se pode esperar que a dedicação, a boa fortuna ou a sagacidade aprimorada das sucessivas gerações venham a realizar descobertas que épocas passadas ignoraram" (Hume, 2013, p. 27). O que se deve esperar da filosofia, seguindo coerentemente o método experimental, de acordo com Hume, é que o sistema da natureza humana que ela elabore seja *posto à prova recorrentemente*, e assim reformado ou validado conforme se mostrar suficiente ou não para explicar a experiência humana. Só então será possível, pelo próprio método, caminhar historicamente em direção a um sistema que se mostre verdadeiro.

Fiquemos por ora com essas componentes basais de seu método: o *experimental reasoning;* o ponto de partida na percepção (impressões e ideias); o desdobramento sistemático do modelo; a analogia anatômica; e a historicidade do conhecimento. Observemos, por último, apenas esta ponta que ficou solta: em quê consistem experimentos cuidadosos e precisos quando se investiga a natureza humana.

Essa é, segundo Hume, a marca de uma desvantagem da filosofia moral diante da natural, pois esta pode isolar fenômenos em laboratório, em testagens controladas e reprodutíveis, e analisá-los com objetividade; mas aquela não. Entram em cena as remissões que fizemos às noções de *observação* e *descrição* das ações e dos caracteres humanos. Hume vai apelar, nesse ponto, tanto para a observação direta da vida cotidiana de seu contexto, quanto para os relatos históricos de outras épocas (que, pela diferença, podem lhe ajudar a separar o que é próprio de sua cultura e o que parece ser comum a culturas distintas). É onde vem à tona boa parte do pintor que complementa seu trabalho de anatomista, bem como o caráter literário de sua escrita (e, por vezes também, o modo demasiado extenso do texto, que lhe rendeu críticas ao *Tratado* e o enxugamento nas *Investigações*): na condução do leitor, através do texto, por descrições e observações de acontecimentos, atitudes, escolhas, comportamentos e comparações de eventos humanos, usados como apresentação dos fenômenos que vão, aos poucos, trazendo à luz a recorrência dos princípios gerais que ele vem a formular. É entre o movimento que vai da proposição de conceitos generalizantes que vão se subdividindo (como as impressões e ideias e todas as complexidades subsequentes), isto é, do geral para o particular, e o movimento que vai na direção contrária, dos particulares às generalidades, partindo de casos cotidianos e exemplos históricos em direção a suas recorrências e padrões comuns, que Hume compõe, *nel mezzo del cammin*, entre a observação e a análise, um sistema anatômico da natureza humana.

* * *

Alguns dos pontos mais originais, marcantes e belos do pensamento de Hume dizem respeito ao funcionamento da causalidade, do costume e da crença em nossa natureza. Esses temas costumam ser abordados a partir do que se convencionou chamar, entre comentadores de sua obra, de "Bifurcação de Hume", ou mesmo "Forquilha de Hume" (em inglês se costuma dizer *Hume's Fork*). Não vamos entrar aqui em todas as minúcias dessa intrincada questão, mas será importante atentarmos para o papel fundamental do costume, ou do hábito, em seu sistema filosófico, pois ele marcará presença em toda a nossa investigação posterior.

No desenvolvimento de seu sistema epistemológico, Hume reconhece a necessidade de separar todos os objetos da investigação humana em dois tipos: os concernentes a *relações de ideias* e os relativos a *questões de fato*. O primeiro tipo diz respeito a todo conhecimento que pode ser adquirido por dedução e demonstração — em geral, congrega as afirmações da geometria, da álgebra e da aritmética, além de algumas operações da lógica quando tomada em si mesma. "Proposições desse tipo podem ser descobertas pela simples operação do pensamento, independentemente do que possa existir em qualquer parte do universo", Hume escreve nas *Investigações sobre o entendimento humano*. "Mesmo que jamais houvesse existido um círculo ou triângulo na natureza, as verdades demonstradas por Euclides conservariam para sempre sua certeza e evidência" (Hume, 2004, p. 53). As relações de ideias, então, desdobram suas conexões e consequências a partir de si mesmas, porque essas conexões são como consequências necessárias dessas ideias.

Já as questões de fato respondem a um regime de pensamento diferente:

> O contrário de toda questão de fato permanece sendo possível, porque não pode jamais implicar contradição, e a mente o concebe com a mesma facilidade e clareza, como algo perfeitamente ajustável à realidade. *Que o sol não nascerá amanhã* não é uma proposição menos inteligível nem implica mais contradição que a afirmação de *que ele nascerá*; e seria vão, portanto, tentar demonstrar sua falsidade. Se ela fosse demonstrativamente falsa, implicaria uma contradição e jamais poderia ser distintamente concebida pela mente (Hume, 2004, p. 54).

Assim como no exemplo da citação (do sol que nasce a cada dia), nós podemos *saber* que, quando soltamos um objeto qualquer no ar, esse objeto cai em direção ao chão, a não ser que certas condições sejam cumpridas para mantê-lo no ar (que ele esteja preso a algo ou que seja, por algum motivo, um objeto voador). Esse saber, entretanto, é de uma natureza diferente daquele produzido, por exemplo, na geometria ou na aritmética. Imaginar que uma bola solta no ar vá voar para cima, ao invés de cair, não é tão impossível quanto imaginar um círculo quadrado, ou conceber um fogo que não queima (vemos exemplos na poesia e no cinema) não é tão inconsistente quanto uma aritmética de resultados ambivalentes. Questões de fato, portanto, não se fiam unicamente de um poder dedutivo da mente para desdobrarem suas consequências e continuidades — elas dependem de outro fator que informe seus resultados, conexões e desdobramentos. Esse fator é a experiência. Nada na simples observação do fogo permite saber que ele queima, é apenas com a experiência do calor que se pode descobri-lo. Nenhuma propriedade dos objetos nos permite deduzir a gravitação, é somente a recorrência de sua relação com o chão que nos leva a saber que existe essa atração inescapável.

Esse tipo de conexão entre percepções que se dá pela experiência e não pela dedução (p. ex. o fogo e o calor, o objeto no ar e a gravidade, a luz no horizonte e o nascer do sol) responde pelo conceito humiano de *causalidade*, uma noção bem ampla aqui. Embora em nossos exemplos seja fácil enxergar uma relação de *causa e efeito* (o contato com o fogo é a causa da experiência do calor, o clareamento do céu é efeito do nascer do sol etc.), no sistema de Hume ela influi muito mais profundamente na natureza de nossa percepção do mundo, na concepção da existência de objetos ao nosso redor e sua relação com o espaço, o tempo e nossa movimentação entre eles. Num exemplo mais profundo, podemos abordar o modo como uma mente se dá conta de que aquilo que ela vê diante de si aumenta conforme se aproxima — ela o aprende por experiência, conforme sua percepção dos objetos muda de acordo com sua movimentação entre eles. Ela pode chegar ao ponto de se assustar quando, no cinema, algo na tela parece voar em sua direção, a não ser que aprenda que, na situação do cinema, o que está na tela simplesmente não vai atingi-la, por mais que aumente. Essa conexão entre a própria movimentação no espaço e o modo como se altera a percepção visual dos objetos ao redor é uma conexão adquirida por experiência através de uma soma incalculável de junções de impressões e ideias. Tome-se o óculos de realidade virtual que temos hoje em dia: só o que se mostra na tela são objetos em duas dimensões cujas formas se alteram de uma maneira específica, coordenada com nossos movimentos corporais, e, apenas com isso, nos dão a impressão de estarmos naquele espaço. Com a mente, no mundo natural, não é muito diferente. E não é estranho chamarmos de causalidade o mecanismo pelo qual isso se faz: certas junções específicas de nossas percepções são tão recorrentes que, sem que precisemos pensar sobre isso, assimila-se na mente que existe uma relação causal entre movimentos corporais e a alteração de nossas percepções visuais de objetos ao redor.

Ora, para esses casos mais elaborados da percepção concorrem também outras concepções acerca das associações de ideias e impressões, bem como o conceito humiano de imaginação, pelo que o sistema se complexifica. Não vamos nos alongar nessa fascinante investigação aqui. Basta entendermos que a causalidade designa, nessa filosofia, uma relação bastante geral de *junção recorrente e constante* de duas (ou mais) percepções, isto é, uma junção que se estabelece exatamente pela sua recorrência e constância na experiência. Deve ficar claro que o modo como a filosofia de Hume concebe a passagem de uma mente neutra onde surgem percepções para uma mente que concebe uma realidade concreta onde ela habita (um mundo ao redor com objetos e acontecimentos) depende desse mecanismo básico da natureza que é a causalidade como relação de impressões e ideias. É aí que encontramos a natureza geral das *questões de fato* em seu sistema, isto é, de todas as nossas concepções que não se reduzem às formas puramente ideais das matemáticas.

Tal reconhecimento de que a noção de causalidade está na base de todo o nosso pensamento acerca de qualquer *questão de fato é o ninho* de um dos aspectos mais marcantes, singulares e talvez chocantes da obra de Hume. Pois a dúvida que fica da elaboração precedente é: como é possível que nossa mente conceba essa junção recorrente e constante de percepções? O que, nela, compõe esse mecanismo da causalidade? Os pensadores que se preocuparam com essa questão, até aquele momento, deram respostas variadas para esse problema — desde a platônica existência de Ideias perfeitas até a intervenção divina, passando, por exemplo, pela existência de uma racionalidade inata à mente humana (um princípio transcendental, assumido *a priori*). A formulação de Hume, entretanto, profundamente coerente com seu método cético e experimental, é: apenas o *costume*, ou o *hábito*, nos proporciona isso. Ou seja, diremos que a mente assume essa junção recorrente e constante de percepções simplesmente porque tem o costume de as experimentar juntas assim.

Seria o hábito, portanto, que nos faria inferir que resultados semelhantes vão se produzir de condições semelhantes. Temos o hábito de observar que, quando o céu escuro clareia no horizonte, logo nasce o sol. Quando percebemos o céu a clarear assim, então, podemos inferir, pela recorrência dessa experiência, que o sol logo virá — porque este céu clareando se parece com outros que já experimentamos e, por isso, traz à mente a percepção conexa do nascer do sol. Note-se que nada no clarear do céu permite *deduzir* o nascer do sol; é apenas o hábito que nos faz *inferir* que experiências presentes (e futuras) serão semelhantes a experiências passadas. Essa é, justamente, a definição de *hábito* na linguagem corrente: uma repetição que se dá não por necessidade lógica, mas por costume.

O assunto poderia nos levar por uma enorme exploração da filosofia de Hume — a qual espero que o leitor se sinta instigado a fazer. A questão do hábito vai se ligar aos temas da crença e da probabilidade como forma de conhecimento, momento em que Hume vai elaborar a possibilidade de provas por indução, fundamento do próprio método experimental. Em linhas gerais: uma recorrência maior de certa conexão entre causa e efeito marca com mais vividez a ideia dessa conexão, concedendo-lhe assim a força da crença. E crenças recorrentemente postas a teste, com o cuidado de não extrapolarem as premissas do método experimental (evitando, portanto, conclusões precipitadas e não fundamentadas nesses mesmos preceitos experimentais), conforme reincidam nos mesmos resultados, podem vir a adquirir mais força e validade, ganhando um ar de certeza que as afaste da mera probabilidade e as aproxime da prova. Nunca se alcança, a respeito de questões de fato, o mesmo grau de conhecimento que se pode alcançar a respeito de puras relações de ideias (isto é, daquelas operações que se veem realizar somente na matemática, onde o método dedutivo é central), mas a aplicação de "experimentos cuidadosos e precisos, e da observação dos efeitos particulares resultantes de suas diferentes circunstâncias e situações" (Hume, 2000, p. 23) pode produzir graus elevados de crença bem fundamentada. É por isso que podemos ter um grau muito elevado de certeza, por exemplo, de que o sol nascerá todas as manhãs, assim como é por isso que podemos desenvolver ciências experimentais.

No que diz respeito aos assuntos morais — que, óbvio, muito mais do que a epistemologia humiana, são nosso enfoque neste livro —, a questão do hábito se mostra um elemento central para a constituição do comportamento. É graças a ele que aprendemos não só a interagir com os objetos (como no exemplo do fogo, cuja experiência nos ensina que ele queima), como também com as outras pessoas. Conforme agimos com os outros e percebemos suas reações, isto é, conforme respondemos uns aos comportamentos e ações dos outros, aprendemos a identificar os resultados sociais de nossas ações, podendo assim não só constituir um padrão comportamental que funcione em nossa vida prática, de acordo com nossos objetivos, como podendo também elaborar uma dinâmica de expectativas acerca do comportamento alheio, por suas tendências pessoais de ação e sentimento. É nessa dinâmica de padrões e expectativas que constituímos uma personalidade, uma imagem pública — consequentemente, um caráter, uma reputação e, no fim das contas, um sistema moral.

É por isso tudo que Hume escreve que:

> O hábito é, assim, o grande guia da vida humana. É só esse princípio que torna nossa experiência útil para nós, e faz-nos esperar, no futuro, uma cadeia de acontecimentos semelhante às que ocorreram no passado. Sem a influência do hábito, seríamos inteiramente ignorantes de toda questão de fato que extrapole o que está imediatamente presente à memória e aos sentidos. Jamais saberíamos como adequar meios a fins, nem como empregar nossos poderes naturais para produzir um efeito qualquer. Pôr-se-ia de imediato um fim a toda ação, bem como à parte principal da especulação (Hume, 2004, p. 77).

A localização do costume em um ponto tão profundo do pensamento tem enormes consequências na filosofia de Hume. Ela significa que nosso modo de perceber e conceber o mundo se fia largamente de nossos hábitos; e quando essa concepção se une à teoria humiana das paixões — que, como veremos, assume um paralelismo entre o entendimento e as paixões, tomando por um único mecanismo o que nos dá a conceber as questões de fato e o que diz respeito a nossos sentimentos e emoções — a consequência é um metódico rebaixamento do papel da razão em benefício das paixões e do costume como elementos organizadores de nosso comportamento, nossas instituições, nossa moral, em suma, de cada aspecto de nossa vida prática. Ou seja, quando Hume separa as operações do pensamento entre as relações de ideias e as questões de fato, ele situa todos esses aspectos da nossa vida no terreno do segundo. Na epistemologia, como vimos, é o costume e não a razão que explica as nossas inferências experimentais de causa e efeito; na moral, será o sentimento e não a razão que nos guiará pela vida em sociedade; na política, será a opinião e não a razão ou a ordem jurídica que constituirá a autoridade, isto é, o governo; na estética (se assim se pudesse falar para generalizar suas questões, ainda que "estética" não seja um termo utilizado na obra de Hume), será o gosto e não a razão que criará os padrões de apreciação; e, na religião, serão as paixões que nos levarão à crença em uma deidade. Essa formulação acerca do costume é, portanto, um dos aspectos mais marcantes e singulares da filosofia de Hume, com consequências enormes para a consideração filosófica de praticamente todos os aspectos dos assuntos morais.

4. A FORMAÇÃO DO SISTEMA (DAS PAIXÕES)

"Não importa quantas palavras utilizemos, é impossível fornecer uma definição precisa delas", Hume afirma a respeito das paixões, "o máximo que podemos almejar é descrevê-las, enumerando as circunstâncias que as acompanham" (Hume, 2000, p. 311). De fato, como oferecer definições precisas da alegria, da raiva ou do amor?

Primeiro, o que devemos fazer é simplesmente admitir que existe uma variedade de sentimentos diferentes que nos acometem. Para Hume, "temos vários exemplos de tal estado de coisas. Os nervos do nariz e do palato são dispostos de maneira a transmitir à mente, em determinadas circunstâncias, sensações peculiares" (Hume, 2000, p. 321); ou seja, assim como somos capazes de identificar cheiros e sabores diferentes, ainda que não seja possível descrever com precisão essas experiências, assim também é com as emoções — nosso organismo é capaz de sentir determinadas emoções e não será necessário explicar por quê.

Segundo, temos que enfrentar um problema evidente, que é: como colocar em prática um método que se baseia na observação para investigar objetos não-observáveis? A resposta foi dada acima: descrever tais objetos enumerando as circunstâncias que os acompanham. Do mesmo modo como podemos nos referir ao "sabor do abacaxi" ou ao "cheiro de orégano", o que permite, por conhecimento comum das referências, saber do que se fala, podemos também descrever as circunstâncias que acompanham uma ou outra emoção e, assim, dispor de um modo de as distinguir e objetivar. É por isso que, como veremos, a solução de Hume é criar uma organização geral de tipos e subtipos de paixões, de modo que fará pouca diferença que palavras usaremos para nos referir a cada uma delas, uma vez que esses tipos e subtipos possam ser identificados.

Essa solução será sentida no vocabulário que se usa para falar das paixões. O leitor já deve ter notado que ora nos referimos a esse conjunto de objetos como *paixões*, ora como *sentimentos*, ora como *emoções*. No texto de Hume, vamos encontrar até uma variedade maior de palavras: ele chega a usar os termos *desejos, instintos, sensações* e *apetites* para se referir a esse tema. A questão, aqui, é compreender que esse tipo de imprecisão vocabular não é incomum na obra do escocês justamente por causa de seu método descritivo — estando mais preocupado com a descrição e análise de padrões, Hume às vezes falha em precisões conceituais, o que segue, na verdade, por estranho que pareça, de acordo com a objetividade de seu sistema: porque chama a atenção para o fato de que o sistema funciona enquanto organização geral de descrições, não enquanto estabelecimento de categorias absolutas (como "As Paixões", uma "Ideia absoluta" do que elas sejam, por exemplo).

O que o leitor vai encontrar nessa organização geral do sistema das paixões é um misto de objetividade (o sistema é preciso, articulado e coeso) e nomenclaturas vagas, ou melhor, que devem ser tomadas por vagas e por termos potencialmente provisórios a serviço do sistema. Cito aqui apenas alguns exemplos, dentre muitos outros que podemos encontrar no texto humiano. Nas listagens iniciais de paixões que o filósofo faz, ele coloca a vaidade como uma paixão distinta do orgulho, mas, nas seções dedicadas ao orgulho, fala da vaidade praticamente como se falasse do orgulho, como se os termos fossem sinônimos para a mesma paixão. Ou: ao explicar quais são as paixões calmas (veremos adiante do que se trata), Hume se refere apenas aos sentimentos do belo e do feio experimentados diante de ações, composições artísticas e outros objetos externos; porém, em outros momentos de sua obra, Hume se refere à benevolência, ao ressentimento, ao amor pela vida, à ternura pelas crianças, ao apetite pelo bem e à aversão ao mal como paixões calmas. Mais: o filósofo, em dado momento, afirma que todas as paixões estão fundadas em um princípio mais básico de diferenciação entre a dor e o prazer, mas, na página seguinte, diz que algumas paixões são originais e fundam a dor e o prazer (ou seja, não são fundadas por essa oposição, mas criam-na elas mesmas) (Hume, 2000, p. 474-475). Ou ainda: a fome, no livro, é considerada ora como uma paixão original (Hume, 2000, p. 32), ora como uma paixão derivada de um instinto natural (Hume, 2000, p. 475).

Fundamental para lidar com imprecisões como essas é saber que o sistema se apoia na noção de que "é difícil para a mente, quando movida por uma paixão, limitar-se a essa paixão, sem mudança ou variação alguma", uma vez que "a natureza humana é demasiadamente inconstante para admitir tal regularidade. A mutação lhe é essencial" (Hume, 2000, p. 318). Não há uma coincidência constante entre uma certa paixão e sua posição no sistema humiano porque essa posição marca um lugar fluido, o qual pode ser ocupado por paixões distintas sem prejuízo para a precisão do sistema. Dito de outro modo: se o sistema anatômico das paixões, a que se chega por meio do método experimental, é uma organização geral de relações obtida através da descrição de circunstâncias, então a nomenclatura das paixões serve apenas como exemplificação geral de circunstâncias, as quais estão a serviço de posições fluidas no sistema geral (ele sim, fixo).

Nesse sistema, não importa se dizemos que um objeto desperta *prazer, alegria, contentamento* ou *satisfação* — as paixões se sucedem por semelhança, não sendo estranho que algo que desperte prazer *também* desperte alegria logo em seguida, ou medidas distintas das duas paixões ao mesmo tempo. Do mesmo modo, algo que desperta orgulho pode despertar vaidade ou vice-versa. E essas variedades não alteram a estrutura do sistema — até porque seria inviável ficarmos discutindo sobre as possíveis diferenças entre as sensações de alegria, contentamento, felicidade e satisfação. Encontraremos, no sistema, algumas distinções fundamentais, como aquela entre as paixões boas e ruins, também chamadas de prazerosas e dolorosas ou de positivas e negativas, de modo que a oposição marca posições relativas importantes. Será importante, assim, saber que a alegria, o prazer e o contentamento são paixões classificadas no lado positivo, enquanto a tristeza, o desprazer e o descontentamento estão no lado negativo. Mas é indiferente dizermos que algo causa alegria ou que causa prazer — a nomenclatura passional é meramente sugestiva das posições sistemáticas.

O sistema humiano das paixões, exatamente por ser um *sistema*, constitui uma anatomia geral que localiza diversas paixões em suas relações mútuas e influências sobre a psicologia em geral — o que faz as vezes de descrever as paixões sem tentar definir suas qualidades sensíveis, tarefa impossível. Isso leva à necessidade de considerar que as listas de paixões que Hume traça jamais se propõem completas, assim como nos leva a compreender por que ele não se dedica a investigar atentamente cada uma das paixões que ele mesmo lista (veremos que Hume fala quase que exclusivamente de cinco ou seis paixões, enquanto considera a existência de muitas mais) — a variedade de sentimentos pode ser maior do que os considerados, basta para o sistema que eles possam ser encaixados nas posições que ele delineia.

Ora, por causa dessa mistura de classificação objetiva e nomenclatura sugestiva, e por causa da natureza sistemática da abordagem, esta parte da filosofia de Hume é bastante "abstrusa"; quero dizer, a apresentação aqui poderá ser um pouco árdua, pois serão apresentadas diversas classificações, conceitos e estruturações que podem cansar o leitor desabituado. É uma parte pouco "pictórica" da filosofia de Hume, uma parte muito "anatômica". Tentaremos ser breves e não nos perder em detalhamentos técnicos. Pincelarei, para o leitor, uma noção geral da sistematização que Hume promove das nossas emoções, para que se tenha a base necessária para compreender, depois, os enraizamentos das questões da reputação, da justiça e da teoria moral nessa teoria geral das paixões.

Classificação das paixões

Em primeiro lugar, é preciso diferenciar uma paixão de outros tipos de percepção. Observemos como Hume começa a diferenciar, dentre todas as percepções, aquelas que podemos chamar de paixões. Lembremos que, ao distinguir nossas percepções entre impressões e ideias, ele dissera que "As percepções que entram com mais força e violência podem ser chamadas de impressões; sob esse termo incluo todas as nossas sensações, paixões e emoções, em sua primeira aparição à alma. Denomino ideias as pálidas imagens dessas impressões no pensamento e no raciocínio (...)" (Hume, 2000, p. 25). As paixões são colocadas do lado das impressões, em oposição ao pensamento e ao raciocínio, os quais operam com ideias. É claro que, porque as ideias são da mesma natureza que as impressões, mas apenas com menos força e vividez, podemos dizer que temos ideias de paixões — mas, novamente: é fácil distinguir pensar sobre uma emoção e senti-la. As paixões enquanto sentimento, isto é, enquanto experiência de sentir uma emoção, são colocadas do lado das impressões.

Uma distinção a que não demos atenção ao apresentarmos o método de Hume é entre o que ele chama de percepções simples ou complexas. As complexas são aquelas que podem ser decompostas em unidades menores — por exemplo, se temos em nossa mente a ideia de um abacaxi, é porque já tivemos a percepção visual de um abacaxi, provavelmente tomada de vários ângulos (que nos permitem montar mentalmente a tridimensionalidade da forma), certamente já conhecemos abacaxis diferentes (o que nos permite formar uma ideia geral da fruta que nos habilita a identificá-la mesmo ao encontrarmos exemplares de tamanhos e cores diferentes, ou ainda desenhos estilizados da fruta), já tivemos talvez experiência de seu cheiro, seu sabor, sua textura; em suma, temos em nossa mente a ideia de um objeto que se compõe de muitas impressões diferentes. O abacaxi é, portanto, uma ideia complexa. O sabor do abacaxi, por outro lado, é uma ideia ou impressão simples: não se pode decompô-lo; podemos fazer associações, como a uma componente adocicada junto de uma ácida, mas isso são comparações e não decomposições. Uma paixão, assim como um sabor, é uma impressão simples: não é possível decompô-la em outras impressões; ela é única e indivisível.

Temos, então, que uma paixão é, em primeiro lugar, descrita como uma impressão simples. Em segundo lugar, Hume observa que muitas paixões vêm associadas a causas. Isto é, são outras impressões ou ideias que nos fazem sentir alguma coisa. Sentimos um sabor, em seguida sentimos prazer ou desprazer, conforme o sabor nos apraza ou não. Vemos uma pessoa conhecida, em seguida sentimos amor ou vergonha, por exemplo. Ou ainda: cortamos um dedo, impressão de dor, que nos leva em seguida à sensação de desgosto e raiva. Para dar conta desse sequenciamento, Hume distingue as impressões entre primárias e secundárias, reconhecendo que algumas impressões surgem em nossa mente advindas de "causas externas" (a imagem de alguém aparece em nosso campo de visão, por exemplo), e outras surgem a partir de impressões anteriores (essa imagem desencadeia a impressão de amor). Agora, podemos classificar as impressões, e consequentemente também as paixões, como primárias ou secundárias. Em sua obra, Hume se refere, como paixões primárias, à fome, ao desejo carnal e outros "apetites corpóreos", à benevolência, ao ressentimento, ao amor pela vida e ao amor pelos filhos; mas não se preocupa com fazer uma lista exaustiva, nem em explicar por que essas e outras não (como a dor, por exemplo). Isso são meandros de interpretação de seu texto que não cabe desdobrarmos aqui.

As paixões secundárias, por sua vez, congregam um número muito maior de possibilidades. Até porque elas se encontram num campo muito mais largo de atuação: para Hume, o encadeamento de impressões e ideias na mente é um processo contínuo e incessante. Seja por semelhança, contiguidade ou costume (causalidade), as impressões primárias podem levar a ideias ou a impressões secundárias, e estas, por sua vez, a outras ideias e impressões secundárias, numa sequência que só se interrompe para dar lugar a outros sequenciamentos despertados por novas impressões primárias a invadir a mente. Assim, por exemplo, a imagem de alguém pode nos causar vergonha, a sensação de vergonha causar angústia, a angústia causar desgosto de si, o desgosto de si nos fazer lembrar de outras situações passadas, a lembrança nos levar à sensação de inquietação, e por aí *ad infinitum* até que novas impressões primárias (por exemplo, as causadas por nos ausentarmos do lugar em que estamos e nos encontrarmos com outras pessoas) nos lancem em novos encadeamentos. As impressões secundárias, portanto (aquelas que normalmente são causadas por impressões ou ideias anteriores) vão receber outras subdivisões, que interessa descrever.

A primeira subdivisão é entre as paixões calmas e violentas. Essa não é uma divisão precisa — o próprio Hume reconhece que as mesmas paixões podem se manifestar de forma calma ou de forma violenta — mas pode ser didático traçá-la. As paixões calmas são, para o filósofo, em linhas gerais, a) certos instintos originalmente naturais, como a benevolência e o ressentimento, o amor à vida e a ternura pelas crianças; b) o apetite geral pelo bem e a aversão ao mal, considerados meramente enquanto tais, e c) os sentimentos do belo e do feio experimentados diante de ações, composições artísticas e outros objetos externos. Note-se que, para Hume, deve-se considerar que existem certas tendências instintivas em nossa natureza, princípios da natureza humana, relativos à benevolência ou ao ressentimento, por exemplo — algo que, claro, se manifesta a depender das situações e não age livremente, senão sob a injunção de toda a complexidade do sistema, de modo que uma pessoa não agir com benevolência em um caso em que nos parece que poderia ter agido não significa que o sistema está errado. E observe-se, também, que existe uma correlação entre "o apetite geral pelo bem e aversão ao mal" e "os sentimentos do belo e do feio": trata-se de formas genéricas para um impulso positivo e um negativo em nossa natureza, primeiro tomada em si mesma, depois como impressão secundária (pois proveniente da percepção de objetos, ações ou composições artísticas — o impulso emocional direcionado ao gosto, ou ao que poderíamos chamar, com um vocabulário atual, de percepção estética).

Já as paixões violentas vão receber uma última subdivisão, essa sim mais precisa, porque estrutural: entre as que são diretas e as que são indiretas. As diretas são as que "surgem imediatamente do bem ou do mal, da dor ou do prazer" (Hume, 2000, p. 311); e as *indiretas são* "as que procedem dos mesmos princípios, mas pela conjunção de outras qualidades" (Hume, 2000, p. 311), ou seja, que são derivadas das anteriores, combinadas ainda a outros elementos. A listagem que o filósofo apresenta nesse momento é:

Paixões diretas: desejo (*desire*), aversão (*aversion*), tristeza (*grief*), alegria (*joy*), esperança (*hope*), medo (*fear*), desespero (*despair*) e confiança (*security*);

Paixões indiretas: orgulho (*pride*), humildade (*humility*), ambição (*ambition*), vaidade (*vanity*), amor (*love*), ódio (*hatred*), inveja (*envy*), piedade (*pity*), malevolência (*malice*) e generosidade (*generosity*), juntamente com as que delas dependem (o amor pela boa reputação, por exemplo, que depende do orgulho e da humildade).

Essas listas não são completas, certamente existem paixões que não estão aí, até porque é muito difícil fazer uma lista completa de sensações simples; o que importa será ver como certas paixões assinalam lugares em um sistema geral de diferenciação.

O que diferencia as paixões diretas das indiretas é sua estrutura. No sistema de Hume, as paixões diretas são experimentadas por si mesmas, ou seja, podem ser causadas por situações diferentes, mas não guardam uma complexidade estrutural própria — como dito, elas são apenas formas positivas e negativas, boas e ruins, prazerosas e desprazerosas, de impressões secundárias. Já as paixões indiretas se definem por serem compostas dessas mesmas formas simples, porém incluídas em uma estrutura mais complexa, composta de formas relacionais específicas. Elas são aquelas a que Hume mais se dedica em sua teoria, pois sua forma relacional as atribui papel estrutural na anatomia geral da natureza humana. E é a elas que vamos nos dedicar a seguir, pois é delas que dependerá o entendimento das reflexões posteriores acerca da reputação.

Sobre as paixões violentas indiretas

No *Tratado da natureza humana*, a anatomia das paixões violentas indiretas não é traçada em abstrato, mas sobre o exame de dois pares de paixões: orgulho e humildade de um lado, amor e ódio de outro lado. Todas as outras paixões desse tipo aparecerão, podemos dizer, de modo secundário ou coadjuvante diante da atenção dedicada a essas quatro protagonistas. Como o que nos interessa aqui, por ser nosso tema, é o amor pela boa reputação, vamos nos ater ao primeiro par, o do orgulho e da humildade, pois é principalmente aí que vamos reconhecer as questões que nos importam. De qualquer modo, a estrutura geral das paixões indiretas é a mesma.

Foi dito pouco acima que as paixões indiretas procedem dos mesmos princípios das diretas junto, ainda, de formas relacionais específicas. Essas formas relacionais são as seguintes: tais paixões possuem objeto e causa, e a causa também se subdivide entre qualidade e sujeito. Tem-se, portanto, que cada paixão indireta é "uma paixão situada entre duas ideias, das quais uma a produz e a outra é produzida por ela" (Hume, 2008, p. 313), sendo que a que a produz é composta de ao menos dois componentes (chamados de qualidade e sujeito). Então, por definição: um sujeito é um elemento dotado de uma certa qualidade que inspira em nós uma paixão que tem um determinado objeto. Ou ainda em outras palavras: um sujeito, ao ser dotado de uma certa qualidade, compõe a causa de uma paixão indireta, e essa paixão indireta possui também um objeto próprio que a determina.

Como vimos, todas as paixões são impressões simples, isto é, não permitem subdivisões e nem uma definição exata para além do modo como podem ser descritas. E as paixões indiretas são descritas como aquelas que se compõem por esses elementos estruturais que tentamos mostrar aqui. Não é de todo equivocado então dizer que, de certo modo, todas as paixões indiretas *se definem* por terem causa e objeto, sendo que a causa é divisível entre sujeito e qualidade; e elas se diferenciam entre si conforme variam os elementos que compõem seu objeto ou sua causa.

Diz-se então que o orgulho e a humildade se definem por terem o *eu* como objeto. Isso compõe a sua *definição* — não tivessem o eu como objeto, não seriam orgulho ou humildade. Isso é, inclusive, aquilo que as diferencia do *amor* e do ódio — Hume dirá, ao abordar essas duas outras paixões indiretas, que suas estruturas são as mesmas, com a diferença de que, enquanto o objeto do orgulho e da humildade é o *eu*, o objeto do amor e do ódio é algum *outro ser*. É como se, para efeitos classificatórios, o orgulho não fosse uma sensação qualitativamente diferente do amor, sua diferença é puramente estrutural: o orgulho é *essa* sensação quando toma o eu como objeto, o amor é *essa* sensação quanto toma o outro.

Já as causas, por sua vez, variam de dois modos, por serem compostas de dois elementos — sujeito e qualidade. No que diz respeito ao sujeito das causas de orgulho ou humildade, podem ser quaisquer elementos que possam ter alguma relação conosco de modo a inspirarem uma paixão que nos tenha como seu objeto (não tivessem tal relação conosco, não inspirariam orgulho ou humildade), o mesmo valendo para o amor e o ódio no caso de esses elementos terem uma relação com o objeto da paixão. A qualidade, por sua vez, é aquilo que é inspirado em nós pelo sujeito, o que pode ser resumido às possibilidades positiva ou negativa, isto é, prazer ou dor, bem ou mal. É fácil compreendê-lo através de um exemplo: o orgulho, para Hume, é uma paixão indireta, pois não é um sentimento que se sustenta por si mesmo, como seria o caso da alegria ou do medo; pensar o orgulho só faz sentido considerando que há uma causa para se ter orgulho de alguma coisa — tal como: um homem tem orgulho de si porque tem uma bela casa. Ou seja, esse sentimento não vem à tona senão através de uma elaboração que envolve alguma ideia de *eu* como objeto da paixão (a casa é minha, logo, relaciona-se com minha ideia de *eu*), assim como alguma compreensão acerca do valor que certos objetos podem assumir (no exemplo mencionado, o valor de uma bela casa como causa da paixão). O sujeito do orgulho é a bela casa, e a qualidade é o prazer que sua beleza inspira. Outros exemplos mencionados pelo autor são mentais (qualidades da imaginação, juízo, memória ou temperamento), outros são corporais (porte, habilidades físicas etc.) e há ainda uma possibilidade infinita aberta pela simples necessidade de que o sujeito tenha aliança ou relação com o objeto da paixão (alguém pode se orgulhar de sua bem-sucedida família, alguém pode ter vergonha de suas roupas, alguém pode amar outra pessoa porque ela é dotada de uma personalidade agradável etc.).

Note-se que a qualidade de um sujeito também participa da *definição* da paixão: o orgulho e o amor são as paixões indiretas resultantes de qualidades positivas, e a humildade e o ódio são as resultantes de qualidades negativas. Sendo assim, o orgulho *se define* por ser uma paixão indireta que possui o *eu* como objeto e uma qualidade positiva (prazer) associada à sua causa; a humildade *se define* por ser uma paixão indireta que possui o *eu* como objeto e uma qualidade negativa (dor) associada à sua causa; o amor *se define* por ser uma paixão indireta que possui *outro ser* como objeto e uma qualidade positiva (prazer) associada à sua causa; e o ódio *se define* por ser uma paixão indireta que possui *outro ser* como objeto e uma qualidade negativa (dor) associada à sua causa.

Os sujeitos das paixões, por outro lado, não fazem parte de suas definições. Se fizessem, seria necessário que para cada sujeito possível nós associássemos uma paixão específica, mas não é assim que acontece — na verdade, sequer é possível fazer uma lista de tudo aquilo que pode vir a ser causa de uma paixão indireta. Por exemplo, no que diz respeito a elementos mentais: bom-senso, erudição e coragem podem ser causa de orgulho, assim como a covardia pode ser causa de humildade. No que diz respeito a elementos corporais, beleza, feiura, força ou fraqueza são alguns sujeitos possíveis. E a lista vai muito além quando consideramos objetos que tenham relação conosco: uma bela casa, um belo carro, um sapato feio, uma má educação, sorte ou azar etc.

Hume argumenta que a filosofia moral, para possuir um sistema das paixões, precisa dar conta de formular de que modo um número tão grande (potencialmente infinito) de causas (sujeitos para paixões indiretas) pode produzir esse conjunto reduzido de paixões (no caso em que vamos focar aqui, duas: orgulho e humildade). O que é preciso formular é de que modo um objeto qualquer (concreto ou abstrato) pode adquirir uma qualidade (positiva ou negativa), o que poderíamos também chamar um valor (positivo ou negativo), enquanto, claro, relaciona-se conosco.

Para Hume, essa qualidade (ou valor) que as causas de paixões indiretas possuem pode se constituir, nos objetos, de duas maneiras. Uma é através de um conjunto de fatores que se reúnem sob o que ele chama de "causas originais". Não vamos analisar com detalhes como cada um desses fatores opera; reconheçamos apenas quais são eles: o vício e a virtude, a beleza e a deformidade, as vantagens e desvantagens externas, a propriedade, a riqueza e a pobreza. Cada um desses elementos, segundo Hume, é naturalmente capaz de nos inspirar prazer ou desprazer quando estão relacionados conosco (poderíamos dizer que todos possuem, por si sós, a capacidade de nos imprimir paixões diretas como a alegria ou a tristeza, por exemplo, e podem apontar para nós). Assim, por exemplo, a virtude ou a beleza física são elementos que nos causam prazer e podem estar associados a nós (podem ser, no caso, a *nossa* virtude ou a beleza do *nosso* corpo), causando-nos, então, orgulho. A propriedade, a riqueza e a pobreza, Hume nos diz que podem ser causas de paixões indiretas pelo que ele chama de "antecipação do prazer" (Hume, 2000, p. 349). Por exemplo, um homem tem orgulho de sua riqueza porque ela lhe antecipa o prazer de tudo aquilo que ele pode adquirir com essa riqueza, mesmo que ele seja "pão-duro" e jamais a utilize, permanecendo sempre apenas como uma possibilidade que ele gaste sua fortuna. Hume diz que "Tal antecipação do prazer é, nela mesma, um prazer considerável" (Hume, 2000, 349). Já no caso do que se chama de vantagens e desvantagens externas, encontramos aqueles fatores mais amplos de causas possíveis para as paixões indiretas — ele está relacionado a todo o conjunto de objetos externos que podem se apresentar relacionados a nós e que têm a possibilidade de adquirirem valor positivo ou negativo nessa relação. Alguns dos exemplos que Hume menciona são casas, jardins, equipagens, o país, o condado, a paróquia, qualidades e defeitos de nossos parentes e amigos, posses e títulos. O exemplo dado anteriormente, de um homem que sente orgulho por sua bela casa, encaixa-se nesse caso — a bela casa é uma vantagem externa que se relaciona a alguém. As pessoas podem se orgulhar de torcerem para um time campeão ou de pertencerem a um povo, ou terem vergonha do lugar onde moram ou de terem tomado parte em algo condenável. É nesse aspecto que a questão das causas fica mais pungente: o que faz com que esses objetos apareçam como dotados de valor positivo ou negativo — o que os torna "vantagens e desvantagens externas"?

A resposta é o segundo modo de se constituir uma causa para as paixões indiretas, o qual Hume chama, justamente, de causa secundária. E o fato de Hume chamá-la secundária não deve dar a impressão de que se trata de uma causa menos importante ou mais rara, menos presente — pelo contrário, ela é importantíssima, porque está na base de toda a noção de "vantagens e desvantagens externas", além de influenciar também as outras causas originais listadas acima. A causa secundária é, para Hume, o conjunto das opiniões alheias. Ele escreve: "Nossa reputação, nosso caráter, nosso bom nome são considerações de grande peso e importância; e mesmo as outras causas de orgulho — a virtude, a beleza e a riqueza — têm pouca influência quando não amparadas pelas opiniões e sentimentos alheios" (Hume, 2000, p. 351). Está aí: mesmo aquelas causas originais de valor não funcionam tão bem se não forem amparadas por essa causa secundária — no exemplo utilizado, diremos que mesmo o prazer e o deleite de uma bela casa não servem para, sozinhos, constituir seu valor como causa de orgulho; isso só acontece por causa de uma dinâmica social de valorização na qual o orgulho de possuir uma bela casa está entrelaçado com o reconhecimento público de que possuir uma casa assim é motivo de orgulho. Isso pode parecer um pouco circular, mas trata-se de uma circularidade que se resolve, justamente, no entendimento de que é sistemicamente o juízo alheio que constrói valor para objetos que passam, então, a poder ser causa de orgulho, amor, humildade ou ódio.

Um exemplo. Só faz sentido ter orgulho de uma equipe ou time onde ela é reconhecida como boa; só faz sentido ter vergonha do próprio corpo quando esse corpo é reconhecido como feio. E por "fazer sentido" não queremos dizer que é o certo ou que é uma conclusão racional de nossa parte sentir tais coisas a partir de tais percepções — trata-se de um mecanismo autônomo da natureza humana. No triste caso da vergonha do próprio corpo, por exemplo, o que se reconhece é que quando as opiniões alheias julgam feio esse corpo que reconheço como meu, é natural que eu sinta algo negativo, cuja posição no sistema é assinalada pela palavra *vergonha* (mas que pode ser, enquanto emoção, uma cadeia de impressões simples distintas, que poderíamos chamar de tristeza, angústia ou mesmo raiva, enlaçadas nessa teia estrutural de causas e sujeitos). Para que isso deixe de ser assim, torna-se necessária toda uma elaboração de ideias que deixem de associar esse corpo à feiura, junto, certamente, de algo que dê força ao indivíduo para que resista à opinião alheia contrária — algo que, no sistema humiano, é possível, mas dificilmente será pensado como uma força puramente individual. Serão necessárias outras opiniões alheias que fortaleçam esse valor, e por opiniões alheias podemos considerar o simples afeto: quando alguém é amado, por qualquer motivo que seja (ainda que não seja seu corpo), isso pode alimentar seu sentimento de orgulho, e a força de seu orgulho pode enfrentar as opiniões alheias nos pontos em que ela diverge de sua posição (por exemplo, no julgamento da beleza de seu corpo). Não deve ser de todo estranho para o leitor afirmar-se que as pessoas precisam ser amadas para terem força e orgulho para resistirem às adversidades e disputas que os pensamentos alheios moverem contra elas.

O fato de que as opiniões alheias são fundamentais na constituição do valor (da qualidade) de um conjunto considerável de paixões (as indiretas) aponta para a *escala populacional* de consideração das paixões no sistema humiano. Explico. Estamos acostumados a considerar as paixões como algo muito particular, interno, porque as experimentamos intimamente e dificilmente conseguimos comunicá-las com clareza e precisão; além de que a apresentação empirista da filosofia de Hume, partindo de uma mente onde surgem percepções, coloca-nos de partida em um cenário interno, individual, igualmente particular. Entretanto, é preciso reconhecer o que está acontecendo no desenvolvimento do sistema humiano: ao separar as paixões em diretas e indiretas e definir as indiretas com uma estrutura relacional que inclui uma noção de qualidade (ou valor), que só se constitui sob a influência de opiniões alheias, Hume lança a questão passional em uma dinâmica que só acontece em escala social. Existem paixões em nossa natureza — e paixões violentas, isso quer dizer que elas tendem a ser fortes — que só funcionam a nível interpessoal. Está fundado aí, no sistema da natureza humana, um vínculo incontornável entre as dinâmicas individuais e sociais, e no nível das paixões.

O leitor não deverá se surpreender com o fato de que tais reflexões nos levam diretamente para o tema da reputação e sua paixão fundamental, chamada de amor pela fama. Trata-se, simplesmente, do momento em que essa dinâmica passional social toma por elemento central a própria individualidade das pessoas — quando as opiniões alheias dizem respeito ao nosso caráter (quando o caráter se torna sujeito de uma paixão indireta). Mas, para compreendê-lo, será necessário investigar mais a fundo o que é o caráter na filosofia de Hume.

Aqui, para encerrar esta introdução ao sistema das paixões de Hume, existem ainda três conjuntos de observações que precisam ser feitas — acerca da dupla relação de impressões e ideias, das cinco limitações do sistema e da relação entre paixões, costume e comportamento.

Sobre a dupla relação de impressões e ideias

É preciso, seguindo o modelo humiano, explorar um pouco mais como algo pode vir a ser causa de orgulho ou humildade, isto é, reconhecer quais são os princípios reduzidos pelos quais um número incontável de coisas pode eventualmente provocar as paixões do orgulho ou da humildade em alguém. Hume explica essa possibilidade através do que ele chama de uma dupla relação de impressões e ideias (Hume, 2000, p. 321).

Para compreendê-la é preciso retomar três "propriedades da natureza humana", as quais, "embora tenham uma influência poderosa sobre todas as operações tanto do entendimento como das paixões, não são muito enfatizadas pelos filósofos" (Hume, 2000, p. 317). Cito Hume:

> A *primeira* é a associação de ideias, que tantas vezes observei e expliquei. É impossível à mente fixar-se firmemente sobre uma única ideia durante um tempo considerável; nem o maior esforço lhe permitiria alcançar tal constância. Nossos pensamentos, porém, por mais variáveis que possam ser, não são inteiramente desprovidos de regras e de método em suas mudanças. A regra segundo a qual procedem consiste em passar de um objeto àquele que lhe é semelhante ou contíguo, ou que é produzido por ele. Quando uma ideia está presente à imaginação, qualquer outra ideia unida à primeira por essas relações segue-a naturalmente, e penetra com mais facilidade em virtude dessa introdução. A *segunda* propriedade que observarei na mente humana é uma associação

parecida de impressões. Todas as impressões semelhantes se conectam entre si, e tão logo uma delas surge, as demais imediatamente seguem (Hume, 2000, p. 317).

As paixões, sendo impressões, não permanecem estáticas na mente, mas se sucedem por semelhança, de modo que podemos entender que, quando dizemos que a qualidade da causa de uma paixão indireta é prazerosa ou dolorida, estamos dizendo que pode se suceder ali, na posição de qualidade, uma sequência de paixões prazerosas ou doloridas — é importante lembrar que os nomes das paixões são mais sugestivos do que definitivos e o fundamental, no sistema, é assinalar posições e classificações opositivas. Veja-se como Hume exemplifica a associação de impressões semelhantes:

> A tristeza e o desapontamento dão origem à raiva, a raiva à inveja, a inveja à malevolência, e a malevolência novamente à tristeza, até que o círculo se complete. Do mesmo modo, nosso humor, quando exaltado pela alegria, entrega-se naturalmente ao amor, à generosidade, à piedade, à coragem, ao orgulho e a outros afetos semelhantes. É difícil para a mente, quando movida por uma paixão, limitar-se a essa paixão, sem mudança ou variação alguma (Hume, 2000, p. 317-318).

Para além dessa dinâmica móvel das posições passionais, o que precisamos destacar aqui é o seguinte: "existe uma atração ou associação entre as impressões, assim como entre as ideias, embora com a importante diferença que as ideias se associam por semelhança, contiguidade e causalidade; e as impressões, apenas por semelhança" (Hume, 2000, p. 318). Propriedades que se combinam ainda com uma terceira:

> Em *terceiro* lugar, observemos que essas duas espécies de associação se apoiam e favorecem uma à outra, e a transição se realiza mais facilmente quando elas coincidem no mesmo objeto. (...) Os princípios que favorecem a transição entre as ideias concorrem aqui com os que agem sobre as paixões; e, unindo-se em uma única ação, os dois conferem

à mente um duplo impulso. A nova paixão, portanto, deve surgir com uma violência proporcionalmente maior, e a transição até ela deve se tornar igualmente mais fácil e natural (Hume, 2000, p. 318).

A *dupla relação de ideias e impressões* a que nos referimos, portanto, diz respeito ao fato de que as paixões, sob a necessária fluidez da mente humana, levam-nos a outras paixões que sejam semelhantes, assim como as ideias são também levadas a outras associadas, já não apenas por semelhança, mas também por contiguidade ou causalidade (ou seja, por proximidade ou por costume). E a questão é que esses movimentos "paralelos" se alimentam mutuamente e podem fortalecer a violência das paixões experimentadas.

Esse mecanismo básico de dupla relação de impressões e ideias é utilizado por Hume para explicar de que modo alguns objetos podem vir a constituir a causa das paixões indiretas do orgulho e da humildade. Em primeiro lugar, o filósofo admite a existência daquela estrutura que identificamos anteriormente — um sujeito e uma qualidade constituindo uma causa para a paixão que possui um objeto, no caso do orgulho e da humildade, o *eu* — como um mecanismo próprio da natureza humana. Podemos dizer: uma capacidade constante e vaga que fica aguardando algo que a dispare. A analogia com outras capacidades semelhantes torna a imagem mais clara:

> Para produzir um gosto qualquer, o palato tem de ser excitado por um objeto externo; a fome, ao contrário, nasce internamente, sem o concurso de nenhum objeto externo. Entretanto, seja qual for o caso das outras paixões e impressões, o orgulho certamente requer o auxílio de algum objeto estranho, e os órgãos que o produzem não exercem, como o coração e as artérias, um movimento interno original (Hume, 2000, p. 322).

O que chamei de "capacidade", Hume não hesita em chamar de "órgão". Na analogia com o palato, é evidente que certos órgãos possibilitam sentir, por exemplo, o sabor doce ou o sabor salgado, mas nenhum deles será sentido se não houver uma causa externa que o atice (colocar algo doce ou salgado na boca). A possibilidade de sentir orgulho ou humildade seria como possuir órgãos específicos para tal: são "sabores" singulares que só são despertados por causas específicas.

As causas possíveis do orgulho e da humildade se fazem identificar por meio daquelas formas originais e secundária de que falamos, mas elas "entram em funcionamento" (como a comida entra na boca) através da dupla relação de impressões e ideias. Ou seja, é por características próprias a essas associações de impressões e ideias que algumas coisas ganham a capacidade de excitarem os "órgãos" do orgulho e da humildade. Não é por acaso, portanto, que observamos que aquilo que pode servir de causa para o orgulho ou a humildade é sempre algo que *já possui, por si mesmo*: a) a capacidade de nos inspirar prazer ou dor e b) por alguma associação de ideias, alguma relação conosco:

> Esses sujeitos [do orgulho ou da humildade] são ou bem partes de nós mesmos, ou alguma coisa estreitamente relacionada conosco. (...) De modo semelhante, é a beleza ou a fealdade de nosso corpo, casas, equipagem ou mobiliário que nos torna vaidosos ou humildes. As mesmas qualidades, quando transferidas a sujeitos que não têm relação conosco, não influenciam em nada nenhum dos dois afetos (Hume, 2000, p. 320).

Em outras palavras, é possível afirmar que a estrutura das paixões indiretas pode ser entrevista ou antecipada nos próprios elementos que serão seus sujeitos, conforme são eles que aparecem para os nossos sentidos como algo que produz prazer ou dor e que está relacionado conosco. Por exemplo: uma pessoa que possui um belo corpo se agrada com a beleza desse corpo e sabe que esse corpo é o seu; então, é por aquela dupla relação de impressões e ideias que as impressões de prazer, referentes à beleza do corpo, irão dar origem a outras impressões semelhantes, assim como a ideia de que aquele corpo é o seu irá, por contiguidade, semelhança ou causalidade, reforçar a associação de diferentes impressões positivas à figura do *eu* que possui tal belo corpo; e conforme essa dupla relação *se fortalece* e deixa de ser apenas o prazer da beleza e a ideia de posse do corpo para ser também impressões e ideias associadas em sequências que *se reforçam*, ela poderá passar a alimentar o mecanismo do orgulho, conforme então a beleza do *meu* corpo torna-se o sujeito de uma qualidade positiva que causa uma paixão que aponta diretamente para *mim* — a estrutura específica da paixão indireta do orgulho. O mesmo exemplo serviria para a humildade, se o corpo em questão não causasse prazer, mas dor.

Limitações do sistema

É preciso observar que esse sistema possui algumas limitações, como o próprio Hume assinala na Seção 6 da Parte i, Livro 2, do *Tratado*. Não são limitações no sentido de falhas de seu sistema, mas no sentido de identificar parâmetros necessários para o seu funcionamento, restrições que o tornam menos amplo. São cinco limitações (que abordaremos tomando como referência o orgulho e a humildade).

A relação do objeto agradável ou desagradável (aquele que pode ser causa de orgulho ou humildade) conosco tem de ser dotada de certa força, caso contrário não passará além da alegria ou da aversão. Por exemplo: um belo jantar do qual participamos pode nos dar alegria e, porque participamos dele, estar relacionado conosco, mas essa relação dele conosco não é tão forte quanto sua relação com aquele que o faz. A associação de ideias que relaciona o jantar conosco, portanto, é menos forte do que aquela que o relaciona com quem o faz (o fato de o jantar estar muito bom se relaciona mais com quem fez o jantar do que com quem o come), de modo que o valor do jantar está mais associado ao outro do que a nós. Por isso, nos sentimos alegres com o banquete, mas essa alegria não tem força para se transformar em vaidade e, portanto, em orgulho (mas talvez possa se transformar em estima, amor). Como Hume diria, no caso do orgulho, "é preciso haver não apenas uma relação [conosco], mas uma relação estreita, e mais estreita do que aquela necessária para a alegria" (Hume, 2000, p. 325).

O objeto agradável ou desagradável deve estar não apenas estreitamente relacionado conosco, mas também *peculiarmente*. Por exemplo: é difícil para alguém ter orgulho de sua saúde se convive com muitas pessoas igualmente saudáveis; a saúde só ganharia a força de gerar orgulho se, por algum motivo, se mostrasse como algo *especial*. Nas palavras de Hume, "julgamos os objetos mais por comparação com outros que por seu mérito real e intrínseco; e quando não somos capazes de realçar seu valor por esse contraste, tendemos a negligenciar até mesmo o que existe neles de essencialmente bom" (Hume, 2000, p. 326).

O objeto agradável ou desagradável "deve ser facilmente discernível e evidente, e isso não apenas para nós, mas também para os outros" (Hume, 2000, p. 327). Isso porque, segundo Hume, "Imaginamo-nos mais felizes, além de mais virtuosos ou belos, quando parecemos assim para os outros; porém, gostamos mais ainda de ostentar nossas virtudes que nossos prazeres" (Hume, 2000, p. 327). Ou seja, a clareza e o olhar do outro sobre aquilo que nos causaria orgulho ou humildade tem o poder de fortalecer a dupla relação de impressões e ideias ao ponto de provocar tais paixões. Ora, pelo que já foi visto do assunto, deve ser possível perceber como isso se relaciona com a causa secundária das paixões indiretas, e antever como se relaciona com a questão da reputação.

A inconstância ou a curta duração das paixões em relação a nós tende a enfraquecer sua capacidade de incitar orgulho ou humildade. Objetos que causam alegria ou aversão, se não se apresentam frequentemente em sua relação conosco, ou se essa relação é breve, não compondo senão um momento ínfimo de nossa larga existência, não são capazes de ir além dessa alegria ou aversão momentâneas para incitar o orgulho ou a humildade. Se jogamos bem um jogo apenas uma vez, dentre muitas em que jogamos mal, não sentimos orgulho de nossas habilidades nesse jogo.

A quinta limitação diz respeito ao que Hume chama de "regras gerais" (Hume, 2000, p. 327), apontando para o conjunto de costumes, regras e máximas que compõem nossos valores compartilhados. Ele diz que "as regras gerais têm grande influência sobre o orgulho e a humildade, bem como sobre todas as outras paixões" (Hume, 2000, p. 327), e continua:

> É evidente que, se uma pessoa adulta e de natureza igual à nossa fosse subitamente transportada para nosso mundo, ela ficaria bastante confusa com todos os objetos, e não descobriria facilmente que grau de amor ou ódio, orgulho ou humildade, ou qualquer outra paixão, deveria atribuir a eles. As paixões frequentemente variam por causa de princípios insignificantes; e estes nem sempre atuam com uma regularidade perfeita, sobretudo na primeira tentativa. Mas o costume e a prática tornam claros todos esses princípios, determinando o valor correto de cada coisa, o que certamente contribui para a fácil produção dessas paixões, e para nos guiar, mediante máximas gerais estabelecidas, acerca das proporções que devemos guardar ao preferir um objeto a outro (Hume, 2000, p. 328).

Dito de outro modo, o costume e a prática é o que vêm a estabelecer o valor reconhecido de algumas coisas. Existe, portanto, certo grau de conhecimento que influencia no fortalecimento ou não da dupla relação de impressões e ideias, levando-a ou não a incitar o orgulho ou a humildade. Por exemplo, podemos considerar que o respeito e a gratidão aos pais é algo positivo — essa, uma noção que se constrói pelos costumes e se estabelece em uma cultura como uma "regra geral" ou uma "sabedoria". Agir de acordo com essa regra pode causar orgulho.

Essas cinco limitações, no sistema de Hume, servem para especificar melhor o modo de funcionamento das paixões indiretas, precisando suas peculiaridades. São limitações apenas relativas às explicações mais gerais que haviam sido dadas anteriormente. Elas restringem o funcionamento do sistema para, como consequência, ampliarem seu alcance, isto é, tornarem-no mais capaz de englobar as possibilidades da natureza humana. Veja-se como Hume o demonstra nesta passagem sensível do *Tratado*:

As pessoas mais orgulhosas, e que, aos olhos do mundo, têm mais razões para seu orgulho, nem sempre são as mais felizes; e as mais humildes nem sempre são as mais infelizes, como este sistema poderia nos levar a imaginar em um primeiro momento. Um mal pode ser real, ainda que sua causa não tenha relação conosco; pode ser real, sem nos ser peculiar; pode ser real, sem transparecer aos outros; pode ser real, sem ser constante; e pode ser real, sem cair sob regras gerais. Males como esses não deixarão de nos tornar infelizes, embora tenham pouca tendência a diminuir nosso orgulho. E talvez descubramos que os males mais reais e mais palpáveis da vida são dessa natureza (Hume, 2000, p. 328-329).

As limitações do sistema traçam uma linha mais precisa entre as paixões diretas e indiretas, ou poderíamos mesmo dizer: entre as paixões indiretas e as paixões em geral. Num primeiro momento, parecia bastar que coisas boas se relacionassem conosco para nos enchermos do sentimento positivo do orgulho como uma forma relacional de alegria ou felicidade. Mas isso diz respeito a apenas uma parte de nossa experiência existencial possível. As cinco limitações do sistema delimitam melhor essa parte, deixando claro que também existe uma dinâmica passional que escapa às formas das paixões indiretas e cuja força e influência sobre nossa experiência é grande. Por mais que a passagem para a escala social que o sistema relacional das paixões indiretas promove seja de uma importância enorme (principalmente para o estudo deste livro, focado nos temas da reputação, justiça e teoria moral), é importante, para uma boa compreensão do sistema humiano, não se esquecer disso.

Paixões, costume e comportamento

Na filosofia de Hume, o costume ocupa um lugar central para a percepção de todas as questões de fato. Desse modo, ele é central para todo nosso conhecimento de objetos externos e do mundo. Mas sua centralidade para o pensamento vai ainda além disso: ele não participa apenas do caráter passivo da percepção, mas também do caráter ativo do comportamento. O costume constitui padrões comportamentais.

Hume escreve: "O costume tem dois efeitos *originais* sobre a mente: confere a ela uma *facilidade* para realizar uma ação ou para conceber um objeto; e, posteriormente, uma *tendência ou inclinação* a fazê-lo" (Hume, 2000, p. 458, destaques do original). O que acontece é que o costume, que permite pensar a causalidade, constitui-se também sob a injunção dos efeitos passionais das nossas ações, conforme é orientado para determinadas facilidades, tendências e inclinações. Nossas ações têm efeitos; esses efeitos são percebidos e podem gerar, em nós, sentimentos positivos ou negativos. Conforme certos efeitos reiteradamente são percebidos como positivos, eles passam a ser imediatamente associados às ações que os causam, e isso pelo mesmo mecanismo de percepção da causalidade que reconhecemos no costume (uma junção recorrente de objetos distintos da percepção). Assim, aprende-se (não em um sentido necessariamente consciente, mas mecânico na natureza humana) quais ações geram bons efeitos e quais geram maus.

Associa-se a isso um outro princípio da natureza humana, que está na própria definição do que seria o bom e o mau e que Hume considera paixões originais, primárias, nossas: a atração pelo bem e a aversão ao mal. O resultado é que nós ganhamos a tendência a realizar as ações que têm efeitos benéficos e evitar as ações que têm efeitos maléficos. Com o tempo, as ações mais repetidas tendem a se reforçar (e as mais reforçadas tendem a se repetir), enquanto as mais evitadas tendem a desaparecer como possibilidade.

O princípio é esse, mas claramente ele não é suficiente para pensar toda a complexidade do comportamento humano. Se fosse apenas assim, como explicar a existência de maus-caracteres, ou de comportamentos autodestrutivos, insensatos, confusos, ou ainda a realização de sacrifícios particulares em benefício de outrem? Não há ainda, na filosofia de Hume, obviamente, o tipo de explicação que a psicanálise e outros desenvolvimentos posteriores da psicologia vão oferecer para esses fenômenos; mas já há, sim, configurações sistêmicas que dão conta desses casos. Essas configurações passam pela constituição do caráter como um objeto da percepção, relacionado aos mecanismos da reputação e aos impulsos passionais do amor pela boa reputação — os modos pelos quais a dinâmica passional alcança escala social e, portanto, poderíamos dizer, uma complexidade a nível histórico e cultural. Vale mencionar que essa passagem dos sentimentos para a escala social também se dá, para além das formas das paixões indiretas, através de outro princípio básico da natureza humana, chamado de *simpatia*. O enlace desse sistema das paixões, entre suas dinâmicas pessoais e sociais, através da formação do caráter e do mecanismo da reputação é o que dará a forma mais completa do sistema humiano no que diz respeito à constituição dos comportamentos, com seus valores (morais) e seu sentido público.

5. O TRIUNFO DAS PAIXÕES

Razão e vontade no governo das paixões

Se em geral, para o senso comum, controlar ou conter uma paixão é uma mera questão de "vontade", na vida prática, isto é, na experiência, é fácil notar que esse voluntarismo, que vê uma prevalência da volição em relação aos sentimentos na determinação do comportamento e das ações humanas, é algo bastante distante dos poderes da mente. É assim, ao menos, de acordo com a análise da mente empreendida por Hume. Na Parte 3 do Livro 2 do *Tratado*, o filósofo escocês coloca de modo direto o problema do governo das paixões, o que o leva a explicar, enfim, sua noção de vontade (e a questão do livre-arbítrio) e a formular as relações que esta tem com as paixões e com a razão. Ele escreve:

> Nada é mais comum na filosofia, e mesmo na vida corrente, que falar no combate entre a paixão e a razão, dar preferência à razão e afirmar que os homens só são virtuosos quando se conformam a seus preceitos. Afirma-se que toda criatura racional é obrigada a regular suas ações pela razão; e se qualquer outro motivo ou princípio disputa a direção de sua conduta, a pessoa deve se opor a ele até subjugá-lo por completo ou, ao menos, até torná-lo conforme àquele princípio superior. A maior parte da filosofia moral, seja antiga ou moderna, parece estar fundada nesse modo de pensar. E não há campo mais vasto, tanto para argumentos metafísicos como para declamações populares, que essa suposta primazia da razão sobre a paixão. A eternidade, a invariabilidade e a origem divina da razão têm sido retratadas nas cores mais vantajosas; a cegueira, a inconstância e o caráter enganoso da paixão foram salientados com o mesmo vigor (Hume, 2000, p. 449).

O mais comum, tanto na filosofia antiga quanto na moderna, era relegar à razão a primazia sobre as questões morais. Seria na razão que deveríamos buscar não só as orientações morais, como também as explicações e fundamentos acerca da conduta humana. Logo, se o comportamento e as ações estavam na dependência da razão, nada mais lógico e certo do que recorrer à razão caso se pretendesse alterar um comportamento ou modificar um padrão de ação. Ora, nessa parte do *Tratado*, Hume se propõe a "mostrar a falácia de toda essa filosofia" (Hume, 2000, p. 449).

Seu argumento tem dois passos: primeiro, provando que "a razão, sozinha, não pode nunca ser motivo para uma ação da vontade"; e, segundo, que a razão "nunca poderia se opor à paixão na direção da vontade"[51]. Ora, note-se que o argumento de Hume se baseia não diretamente em uma oposição entre razão e paixão, e sim em uma oposição entre razão e vontade. Para mostrar essa oposição, Hume retoma agora nessa seção dedicada à vontade e às paixões diretas a noção (apresentada no Livro I do *Tratado*, às páginas 97-106) de que "O entendimento se exerce de dois modos diferentes, conforme julgue por demonstração ou por probabilidade; isto é, conforme considere as relações abstratas entre nossas ideias ou as relações entre os objetos, que só conhecemos pela experiência" (Hume, 2000, p. 449) — trata-se da já mencionada "Bifurcação de Hume", entre as puras relações de ideias e as questões de fato. De um modo geral, podemos afirmar que o que Hume entende por racionalidade se liga a cada um desses modos de entendimento de uma maneira específica.

O primeiro modo — que diz respeito às relações abstratas entre as ideias, que podem ser demonstradas — é aquele que praticamente identifica um conceito de racionalidade. Os raciocínios que se dão a partir unicamente da semelhança, contrariedade, graus de qualidade ou proporções de quantidade entre ideias se desdobram "sem necessitar de nenhuma investigação ou raciocínio", eles são tomados "à primeira vista" e, por isso, somente eles, "por dependerem unicamente das ideias, podem ser objetos de conhecimento e certeza" (Hume, 2000, p. 98). Não é à toa que, para Hume, eles se restringem quase que unicamente aos campos da álgebra, da aritmética e da geometria, sendo que figuram em outros campos somente através dos juízos que podemos fazer acerca de questões de fato conforme esses juízos são obtidos, justamente, por semelhança, contrariedade, graus de qualidade ou proporções de quantidade — como vamos ver logo adiante.

Tudo aquilo, entretanto, que se conhece por meio da causalidade, isto é, tudo aquilo que diz respeito a questões de fato, tem, para Hume, o estatuto de *crença* — uma crença que, é certo, surge de graus tão altos de reiteração que passa facilmente por certeza, conforme a experiência reforce a conexão entre objetos e nos leve a tomar um como a causa de outro; caso que, ainda assim, trata de um conhecimento por indução, e não por demonstração. Isso nos leva ao segundo modo do entendimento apresentado acima: aquele que se dá por probabilidade, ou seja, pela repetição da experiência ao ponto de nos conceder algum grau de certeza acerca da conexão entre dois objetos. Assim, por exemplo, posso ter um entendimento de que o sol nascerá todas as manhãs porque parece ter sido reiterado o suficiente pela experiência que isso vai acontecer, ainda que esse não seja um conhecimento demonstrável.

A relação que a racionalidade tem com essa certeza, nesse segundo modo do entendimento, é apenas a de possibilitar raciocínios que estão na base dos juízos que podem ser produzidos a respeito desses objetos da experiência, mas sem determinar a experiência em si. Por exemplo: quando o céu escuro começa a clarear no horizonte, posso inferir que estou diante da aurora porque, por semelhança (um raciocínio relativo às relações de ideias, ou seja, algo de racionalidade), eu associo essa visão a outras auroras que tenho na memória. Ou seja, embora para saber que o sol irá aparecer eu precise me basear em uma crença adquirida por experiência, para associar minha percepção presente a uma percepção passada (e assim reconhecer que se trata de um caso de aurora) eu preciso reconhecer uma semelhança de ideias.

Podemos afirmar, portanto, que a razão, em Hume, liga-se a relações imanentes de ideias, relações que se podem reconhecer como as formas da semelhança, contrariedade, graus de qualidade e proporções de quantidade, as quais até se encontram em ação nos juízos relativos a questões de fato, mas não se confundem com as percepções e as crenças resultantes delas. É por isso que, embora não se possa dizer que as conexões causais são descobertas pela razão (uma vez que são descobertas pela experiência), Hume dirá que "a razão não é senão a descoberta dessa conexão" (Hume, 2000, p. 450). Ele retoma a ideia também no terceiro livro do *Tratado*, enunciando que "A razão ou ciência consiste apenas na comparação de ideias e na descoberta de suas relações" (Hume, 2000, p. 506). Pode-se concluir que, para Hume, a razão não é responsável pelas questões de fato, pelas crenças que se adquirem com experiência, costume e hábito, mas atua no entendimento dessas questões de fato conforme corresponde a relações entre ideias; dito de outro modo, há racionalidade em ação quando raciocinamos acerca das questões de fato, ainda que seu papel não seja o de estabelecer esses fatos.

A fronteira que precisa ser traçada entre o que é racional e o que não é na filosofia de Hume, então, não se localiza sobre *onde* ela atua, mas sim *sobre o que* ela atua. Pois, de certo modo, ela atua em quase toda operação mental, mas somente no reconhecimento de certas conexões entre ideias, não possuindo nenhum papel definitivo no que diz respeito aos objetos e suas relações. É possível afirmar, por exemplo, que uma relação causal como a de uma bola de bilhar que, chocando-se com outra bola, imprime-lhe movimento só é apreendida através da experiência, ao mesmo tempo que inferir que toda vez que uma bola de bilhar se choca com outra ela vai lhe imprimir movimento é um movimento racional — porque relacionar, por semelhança, um caso passado com um caso qualquer é efetuar uma pura relação de ideias.

Retomando agora o problema da relação entre razão e paixão nos assuntos morais, onde Hume opõe razão e vontade, reconheçamos o que ele identifica com o segundo termo.

A vontade é, para Hume, "simplesmente *a impressão interna que sentimos e de que temos consciência quando deliberadamente geramos um novo movimento em nosso corpo ou uma nova percepção em nossa mente*" (Hume, 2000, p. 435, destaque do original). O que é interessante observar é que, embora a vontade (*will*) apareça como um dos temas principais da terceira parte do Livro 2 do *Tratado*, e embora ele diga, acerca dela, que "Dentre todos os efeitos imediatos da dor e do prazer, o mais notável é a vontade", sendo que "a plena compreensão de sua natureza e propriedade é necessária para explicar as paixões" (Hume, 2000, p. 435), para Hume ela não passa dessa simples percepção, restando como um fator quase nulo no sistema. O que percebemos, por fim, é que o que a torna um objeto tão notável é, de certo modo, precisamente essa nulidade — porque, nas primeiras seções dessa terceira parte do Livro 2, Hume se esforça por mostrar que tudo aquilo que os sistemas filosóficos costumam associar a ela não passa de um conjunto de equívocos, e nesse confronto com eles é que vai delimitando melhor o seu próprio sistema.

Sigamos com ele, então, pois ele o faz "examinando uma questão que há muito vem sendo objeto de discussão, e que ocorre tão naturalmente quando se trata da vontade: a questão da liberdade e da necessidade" (Hume, 2000, p. 436). Essa questão, afinal, conforme fundamenta nossa compreensão da vontade no sistema humiano, será essencial para entendermos a oposição entre razão e vontade.

Liberdade e necessidade no sistema moral humiano

Sabemos que a controvérsia sobre a liberdade e a necessidade é inesgotável ao longo da história do pensamento. Sabemos ainda que, até as filosofias de Hobbes e a do próprio Hume (para os quais tal controvérsia se resume a uma disputa verbal, bastando definir os termos para encaminhar sua elucidação), vai prevalecer na tradição uma certa incompatibilidade entre as duas esferas, cabendo, em geral, ao campo da necessidade, as determinações imutáveis da matéria e do mundo físico (*determinação* e *episteme*) e, ao campo da liberdade, as questões da moral, onde se localizam a escolha e o "livre-arbítrio" na ação (*contingência* e ética) — constituindo um dualismo que, ademais, teria as suas distinções estabelecidas e descobertas pela razão. Não caberia aqui um avanço muito grande dos detalhes dessa controvérsia. Vejamos como o filósofo escocês encaminha essa questão até culminar na elucidação geral do governo das paixões.

Hume sustenta — como de resto em todo o seu sistema — uma analogia da filosofia moral com a filosofia natural. Parte, portanto, da observação de que:

> Todos reconhecem que as operações dos corpos externos são necessárias, e que, na comunicação de seu movimento e em sua atração e coesão mútuas, não há nenhum traço de indiferença ou liberdade. Todo objeto é determinado por um destino absoluto a um certo grau e uma certa direção de movimento, sendo tão incapaz de se afastar dessa linha precisa em que se move quanto de se transformar em um anjo, um espírito ou qualquer substância superior. Portanto, as ações da matéria devem ser vistas como exemplos de ações necessárias; e tudo que, por esse aspecto, estiver na mesma situação que a matéria deverá ser admitido como necessário (Hume, 2000, p. 436).

Em outras palavras, Hume traz à tona a noção de que a necessidade fundamenta todos os nossos juízos acerca das questões físicas e relativas a objetos externos. Aceitar a existência de uma liberdade que influísse nesses movimentos seria inserir o *acaso* na operação, o que anularia qualquer ambição de uma ciência — tanto mais quando se trata de uma ciência baseada na indução, isto é, na recorrência experimental para produzir suas provas.

O movimento seguinte de sua argumentação, como esperado, é o de lançar a mesma necessidade ao campo das ações da mente. Assim, vai não apenas afirmar que, sim, é "este o caso das ações da mente", como vai também apontar o fato de que "ao julgar as ações humanas, devemos proceder com base nas mesmas máximas que quando raciocinamos acerca dos objetos externos" (Hume, 2000, p. 439). Ele escreve: "Quando dois fenômenos se apresentam em uma conjunção constante e invariável, adquirem uma tal conexão na imaginação que esta passa de um a outro sem qualquer dúvida ou hesitação" (Hume, 2000, p. 439). Isso significa que, se reconhecemos que a conexão entre causas e efeitos nada mais é do que fruto do costume e do hábito, ou seja, fruto de uma recorrência experimental ao ponto de nos levar a inferir pela necessidade dessa conexão, então também deveremos considerar a *necessidade* patente nas ações da mente conforme elas também se apresentem como fenômenos da nossa percepção.

Hume se dedica a mostrar que o raciocínio pela necessidade, então, é fundamental também para a filosofia moral. Podemos mesmo dizer que é nesse ponto do argumento acerca da similaridade entre a determinação da matéria e a determinação das operações mentais que a analogia do sistema do entendimento (Livro 1) com o sistema das paixões (Livro 2) atinge o seu grau máximo. A conclusão de Hume em favor da necessidade das ações humanas é peremptória:

> Sempre que observamos a mesma união, e sempre que a união age da mesma maneira sobre a crença e a opinião, temos uma ideia de causas e de necessidade, ainda que às vezes possamos evitar essas expressões. Em todos os casos passados que pudemos observar, o movimento de um corpo é seguido, por impacto, do movimento de outro corpo. É impossível à mente penetrar além disso. Dessa união constante, ela *forma* a ideia de causa e efeito e, por sua influência, *sente* a necessidade. Ora, como há a mesma constância e a mesma influência naquilo que denominamos evidência moral, não precisamos de mais nada. O que resta só pode ser pura discussão verbal (Hume, 2000, p. 442).

Para Hume, a disputa sobre o caso chega ao fim quando nos convencemos de que a experiência da mesma união tem o mesmo efeito sobre a mente, quer os objetos unidos sejam motivos, volições e ações, quer sejam figuras, movimentos ou tecidos biológicos. Não haveria por que a filosofia assumir pressupostos diferentes para lidar com cada um desses objetos, uma vez que seu método experimental deve ser válido para toda a ciência humana. Ele considera, portanto, que:

> Assim como a *união* entre os motivos e as ações tem a mesma constância que a união entre quaisquer operações naturais, assim também sua influência sobre o entendimento é a mesma, *determinando-nos* a inferir a existência de uns da existência dos outros. Se for assim, não

> haverá nenhuma circunstância conhecida, que faça parte da conexão e produção das ações da matéria, e não se encontre também em todas as operações da mente; por conseguinte, será um absurdo manifesto atribuir necessidade àquelas e recusá-la a estas (Hume, 2000, p. 440, destaques do original).

Essas observações vão par a par com o reconhecimento de que "Nenhuma união pode ser mais constante e certa que a de algumas ações com determinados motivos e caracteres" (Hume, 2000, p. 440). E esse reconhecimento é fulcral para o argumento de Hume — como para o nosso também, porque ele conecta a questão da necessidade com a questão do caráter.

De fato, Hume segue sua defesa da necessidade como um fator constituinte das ações da mente atacando os argumentos que advogam pela liberdade, e particularmente o argumento contra a religião recai sobre esse ponto. Ele escreve: "Afirmo que essa espécie de necessidade é tão essencial à religião e à moral que sua ausência acarretaria a total ruína de ambas; e qualquer outra suposição destruiria por completo todas as leis, divinas e humanas" (Hume, 2000, p. 446). A questão é que essas leis, tanto as divinas quanto as humanas, são baseadas em recompensas e punições correspondentes ao comportamento, mas Hume mostra que isso só funciona se pudermos, de algum modo, associar as ações de alguém ao agente que as comete. Em suas palavras:

> Seria impossível, sem a conexão necessária de causa e efeito nas ações humanas, não apenas que as punições infligidas fossem compatíveis com a justiça e a equidade moral, mas também que algum ser sensato jamais pensasse em infligi-las. O objeto constante e universal do ódio ou da raiva é uma pessoa, uma criatura dotada de pensamento e consciência; e quando uma ação criminosa ou nociva desperta essa paixão, ela o faz somente por sua relação ou conexão com essa pessoa. De acordo com a doutrina da liberdade ou acaso, porém, tal conexão se reduz a nada, e os homens são tão pouco responsáveis pelas ações planejadas e premeditadas quanto pelas mais casuais e acidentais. As ações são,

por natureza, temporárias e perecíveis; e quando não procedem de alguma causa no caráter e na disposição do agente, não se implantam firmemente nele, nem podem redundar em sua honra, quando boas, ou descrédito, quando más. A ação em si mesma pode ser condenável, pode ser contrária a todas as regras da moral e da religião, mas a pessoa não é responsável por ela. E, como a ação não resultou de nada duradouro ou constante na pessoa, nem deixou atrás de si nada dessa natureza, é impossível que, por causa da ação, a pessoa possa se tornar objeto de punição ou vingança. Segundo a doutrina da liberdade, portanto, um homem continua tão puro e imaculado após ter cometido o mais terrível dos crimes, como no momento de seu nascimento; suas ações não atingem em nada seu caráter, pois não derivam dele; de modo que a perversidade das ações não pode ser usada como prova da depravação do caráter. Somente segundo os princípios da necessidade alguém pode adquirir mérito ou demérito por suas ações, por mais que a opinião comum se incline para a afirmação contrária (Hume, 2000, p. 446).

O argumento de Hume é claro: não faz sentido atribuir uma ação a uma pessoa, de modo a, de sua avaliação moral, estabelecer algum juízo sobre o agente (colocando-o sob o jugo das leis) se não for possível reconhecer uma conexão *necessária*, portanto causal, entre traços próprios do agente e tais ações. A noção de caráter aparece aí como o conjunto desses traços próprios, carregando toda a importância do juízo alheio no estabelecimento da ordem pública. As punições e recompensas da lei dependem da possibilidade de que as ações de alguém culminem em um julgamento de sua pessoa. As dinâmicas envolvidas na reputação, portanto, aparecem no sistema de Hume como as mesmas dinâmicas pelas quais a legislação pode se estabelecer na sociedade.

Tal raciocínio se mostraria sólido tanto no caso de um Deus legislador, que pune e premia com o propósito de suscitar a obediência, quanto no caso de um Deus que agisse como mero vingador de crimes odiosos e repulsivos, pois a sua vingança não seria viável. Sem a conexão necessária de causa e efeito nas ações humanas, seria impossível não apenas que as suas punições fossem compatíveis com a justiça e a equidade moral, mas também que algum ser sensato jamais pensasse em as infligir a quem quer que fosse.

Como deve ficar claro, isso toma por base não ser possível falar em *liberdade* como princípio ativo na moralidade humana, mas apenas em *necessidade*. Mesmo quando associamos nossas ações à nossa *vontade*, pelo sistema humiano, precisamos tomar essa vontade apenas como uma impressão nossa acerca de nossos próprios movimentos, sendo que esses movimentos estão *necessariamente* conectados a outras causas que não essa volição — causas que correspondem a nossos motivos e tendências (logo, nosso caráter).

Os outros dois argumentos de Hume contra a liberdade corroboram essa elaboração. O primeiro afirma que tendemos a acreditar na liberdade apenas porque nos incomoda a ideia da coerção, sendo que isso não serve para estabelecer a validade da doutrina da liberdade. O filósofo ataca a tendência de termos dificuldade em nos convencermos de que fomos governados pela necessidade e que, portanto, não poderíamos ter agido de outra forma, mesmo quando reconhecemos que nossas ações são orientadas por considerações e motivos específicos. A ideia da necessidade, seguindo o raciocínio de Hume, parece nos ser agressiva, ferindo de certo modo o nosso orgulho, como se estivéssemos submetidos a coerção e violência na hora de agir. Não gostamos de estar agindo por qualquer tipo de imposição, isso seria contrário ao nosso amor natural pela liberdade. "Poucos são capazes", escreve Hume,

> De fazer uma distinção entre a liberdade de *espontaneidade,* como é chamada na escolástica, e a liberdade de *indiferença,* ou seja, entre aquilo que se opõe à violência e aquilo que significa uma negação da necessidade e das causas. O primeiro sentido da palavra é o mais comum; e, uma vez que é somente essa espécie de liberdade que nos interessa preservar, nossos pensamentos têm-se voltado sobretudo para ela, confundindo-a quase sempre com a outra (Hume, 2000, p. 443-444).

O segundo argumento se desdobra dessas observações. Segundo o filósofo, tendemos a confundir uma *falsa* sensação da liberdade de indiferença com a própria liberdade, dando a essa última um *status* de existência real. Para ele, no entanto, a necessidade, seja de uma ação, da mente ou da matéria, não é exatamente um predicado do agente, "mas sim de algum ser pensante ou inteligente que possa considerar de fora a ação, consistindo na determinação de seu pensamento a inferir a existência dessa ação a partir de objetos preexistentes" (Hume, 2000, p. 444). Dito de outro modo, a *necessidade* não é algo de que nós temos experiência com as nossas próprias ações, mas somente algo que um observador externo *precisa* assumir. Com as nossas ações, Hume afirma, nós temos experiência da vontade como uma impressão simples que as acompanha e que parece que "ela mesma não está submetida a nada" (Hume, 2000, p. 444). Dessa forma, como impressão que reiteradamente acompanha nossas ações, a vontade, por costume, aparece-nos como causa das ações, e se não nos preocupamos em estabelecer as causas necessárias de nossas próprias ações, deixando apenas a vontade figurar junto delas, assumiremos erroneamente que ela é causa suficiente. Segundo o filósofo, no entanto,

> Podemos imaginar que sentimos uma liberdade dentro de nós, mas um espectador comumente será capaz de inferir nossas ações de nossos motivos e de nosso caráter. E, mesmo quando não pode fazê-lo, em geral conclui que o poderia, caso estivesse perfeitamente familiarizado com todas as circunstâncias de nossa situação e temperamento e com os mecanismos mais secretos de nossa constituição e disposição. Ora, tal é a essência mesma da necessidade, conforme a doutrina anterior (Hume, 2000, p. 444-445).

O exame das ações, portanto, sempre leva a concluir pela sua *necessidade*, e a falsa sensação de liberdade que a impressão da vontade nos dá é compreensível pelo mesmo sistema, conforme a conexão constante e habitual entre a impressão da vontade e as nossas ações nos pode fazer concluir pela necessidade apenas *dela* como causa para a ação. Acredito que esse é um dos pontos mais notáveis da filosofia de Hume, ao menos no que diz respeito à conexão entre o sistema das paixões, o método experimental e sua teoria moral. Observe-se que Hume não nega que, do ponto de vista da nossa experiência individual, temos razões para crer que a vontade é uma causa livre para as nossas ações — porque, pela nossa experiência individual, a volição é recorrentemente a única impressão que acompanha nossa percepção das nossas próprias ações. No entanto, do ponto de vista da nossa experiência das ações dos outros, elas sempre nos aparecem acompanhadas de uma espécie de projeção dos motivos e tendências que as teriam causado. Repito aqui uma citação que já foi feita neste livro, mas que retorna, reafirmando seu valor no sistema humiano — ela está no início da Parte 2 do Livro 3 do *Tratado*, onde o autor se dedica à justiça:

> É evidente que, quando elogiamos uma determinada ação, consideramos apenas os motivos que a produziram, e tomamos a ação como signo ou indicador de certos princípios da mente e do caráter. A realização externa não tem nenhum mérito. Temos de olhar para o interior da pessoa para encontrar a qualidade moral. Ora, como não podemos fazê-lo diretamente, fixamos nossa atenção na ação, como signo externo. Mas a ação é considerada apenas um signo; o objeto último de nosso elogio e aprovação é o motivo que a produziu (Hume, 2000, p. 517).

Nesse trecho e na continuação dessa seção Hume afirma reiteradamente que toda ação só adquire valor moral conforme aparece como índice de uma motivação que será avaliada em suas qualidades morais. Ele não explica ou desdobra de princípios já expostos da natureza humana por que isso seria assim, apenas assume que é, conforme lhe parece ser sempre o caso. Ora, o que nós podemos observar acerca disso é que essa vagueza da sua exposição pode ser complementada com os exames que fizemos acerca da noção de caráter. Note-se: o caráter surge como a percepção de um padrão comportamental, o que pode ser explicado como um desdobramento da própria natureza da percepção — perceber que alguém recorrentemente age de uma determinada maneira em determinadas situações poderia, pelo hábito, levar-nos a concluir por uma conexão causal entre tal pessoa e tal conjunto de ações. Essa conexão não precisaria ser total, no sentido de a pessoa, como um todo, tender a esse conjunto de ações, mas identificar certas "subdivisões" da pessoa, atiçadas por certas situações diferentes, que a levariam a agir recorrentemente de tais maneiras.

Essas "subdivisões" seriam como as partes constituintes de seu caráter, isto é, o conjunto de caracteres que, reunidos na pessoa, formam a tendência geral de seu comportamento. Não seria de espantar que tais objetos da percepção (constituintes de um caráter) recebessem nomes e fossem identificadas de alguma forma. São o que podemos chamar de motivos e tendências. Por exemplo: uma pessoa dá mostras constantes de que, quando está sob pressão, age de maneira precipitada e equivocada. Isso não determina todo o caráter da pessoa, ela com certeza é mais do que apenas isso, mas podemos identificar essa "parte" de seu caráter, a de ser alguém que não lida bem com a pressão. O que esse raciocínio mostra é que a percepção de recorrências comportamentais leva à constituição, na imaginação, de novos objetos para a percepção, de modo que da percepção de ações nós inferimos a percepção de motivos e tendências (pode parecer abstrato falar em "objeto" para se referir a uma característica como "não agir bem sob pressão", mas reconhecer que alguém é assim é identificar uma parte delimitada de sua personalidade, de seu caráter, logo, é como perceber um objeto de seu modo de ser).

Em suma: a forma como nossas percepções operam, de acordo com o sistema de Hume, leva naturalmente, a partir de nossa percepção das ações alheias, à constituição de objetos como *motivos*, *tendências* e *caráter*; e a nossa moralidade opera com base nas nossas relações passionais com esses objetos. Logo, o fato de que, da experiência individual, nós somos capazes de concluir pela vontade como causa única para as ações é um fato que subsiste totalmente à parte de tudo o que estrutura a sociabilidade e a moralidade. Hume não precisa questionar diretamente a existência da vontade como causa para as ações — basta, para ele, mostrar que, no que diz respeito à sociabilidade e à moralidade, a vontade como causa é um elemento praticamente nulo no sistema.

Talvez o mais notável disso tudo seja, então, reconhecer como a filosofia de Hume separa a filosofia moral do exame do indivíduo; isto é, o indivíduo não serve ali como parâmetro para se pensar a moralidade. A moralidade só é pensada por Hume a nível sistêmico na ordem da sociabilidade, no modo como nossas percepções e paixões operam, entre si, em interação interpessoal. Nesse nível, que é o único que lhe interessa, a vontade não figura senão como uma marca possível para a noção de necessidade, conforme ela possa compor a percepção acerca dos motivos para as ações ou das tendências do caráter.

É por isso que Hume pôde se referir à "ação da vontade" e à "paixão na direção da vontade" (Hume, 2000, p. 449) ao opor vontade e razão no governo das questões morais: porque Hume não nega, de todo, a existência da vontade, senão advoga pela sua associação à necessidade, chamando a atenção para a existência de causas e motivos por trás das ações; sendo, ainda, que em nenhuma elaboração moral essa necessidade se abstém de associar essa causalidade ao agente das ações. Mesmo que uma ação fosse justificada apenas pela vontade, ela invariavelmente levaria, no nível sistêmico, a um raciocínio causal que a conectasse ao agente, e mesmo que se justificasse apenas pela vontade do agente, tal vontade serviria apenas como intermediária entre a ação e o caráter do agente. Todas as ações, portanto, para Hume, na medida em que são objeto da moralidade, possuem uma conexão causal com elementos próprios ao agente — chamemos-lhes *vontade* ou outra coisa mais significativa.

Breve observação sobre o que há de liberdade no pensamento humiano

A necessidade que Hume reconhece nas ações humanas não deve ser confundida com uma negação total da relevância da doutrina da liberdade na moral. Páll Árdal é um comentador que chama nossa atenção para isso. Ele observa que Hume não descarta haver um certo senso de "liberdade" (*free*) pelo qual podemos agir livremente, ele se opõe apenas a que se confunda tal liberdade com uma ação destituída de causa ou motivo (*uncaused*). Assim, sugere Árdal, pode-se dizer, com alguma razão, que se faz mais justiça a Hume quando se pensa que a sua posição é, na verdade, uma tentativa de reconciliação da liberdade com a determinação. Dizer que ele adere ao partido do determinismo pode ser equivocado, conjectura Árdal, pois, no fundo, "os únicos adeptos da doutrina da liberdade que ele de fato refuta são aqueles que equiparam a liberdade ao acaso" (Árdal, 1966, p. 92).

Ora, se existe uma ligação necessária entre o caráter de alguém, tomado como sua identidade mínima, e o valor moral das ações que ele realiza, então o agente, ao agir, está de certo modo negociando com seus motivos, suas disposições naturais, seu caráter, o que, enfim, é uma negociação que se dá com os interesses da sociedade. Ele precisa atender tais interesses, pois são eles que constituem o valor de seu caráter, sua honra, sua reputação. O que isso implica é que, pela doutrina da necessidade apregoada por Hume, podemos depreender uma noção de liberdade que pode ser identificada no nível sistêmico das dinâmicas morais. Existe certa noção de negociação entre as determinações do caráter pessoal e as exigências que precisam ser cumpridas para que esse caráter seja aprovado ou desaprovado. Trata-se, claro, de uma negociação delicada e tensa: um passo em falso e um dos lados arcará inevitavelmente com alguma consequência indesejada, ou a mácula reputacional e a instabilidade psicológica, ou a desagregação social. De qualquer modo, no entanto, não seria impossível que nos pequenos movimentos dessa negociação surgissem alterações de direção que resultassem em grandes diferenças morais, como são por vezes diferentes os sistemas morais dos povos e das épocas. Em outras palavras, se é possível atestar diferenças morais entre os povos e as épocas, é porque a moralidade não está totalmente determinada pelo sistema da natureza humana, ainda que exista um padrão do gosto nessa natureza.

Sendo assim, alguma liberdade opera, a nível sistêmico, na ordem das possibilidades de comportamento e seus efeitos — uma liberdade que não podemos situar nas determinações individuais para a ação, mas de certo modo podemos situar nas negociações que se dão entre as motivações pessoais e as avaliações sociais das ações e dos caráteres.

Da oposição entre razão e vontade no governo das paixões

Por que é que Hume se propõe a "mostrar a falácia" de toda filosofia que concede primazia à razão nas questões morais apelando para uma oposição entre razão e vontade, afirmando que "a razão, sozinha, não pode nunca ser motivo para uma ação da vontade" e que a razão "nunca poderia se opor à paixão na direção da vontade" (Hume, 2000, p. 449)? Se a vontade é um fator quase nulo em seu sistema (ainda que o entendimento acerca dela seja fundamental para entender o sistema), por que Hume desbanca a racionalidade no sistema moral apelando para a relação entre ação e vontade e não entre ação e paixão?

Podemos afirmar que é porque a vontade, embora seja uma impressão que não carrega a liberdade que se lhe costuma atribuir, é uma noção que representa o campo geral das paixões e das ações. Lembremo-nos que Hume diz que "dentre todos os efeitos imediatos da dor e do prazer, o mais notável é a VONTADE" (Hume, 2000, p. 435), e que sua definição diz que ela é "a impressão interna que sentimos e de que temos consciência quando deliberadamente geramos um novo movimento em nosso corpo ou uma nova percepção em nossa mente". Quando Hume se refere à vontade, ainda que ele não a reconheça como índice de livre-arbítrio, mas apenas como uma impressão relativa a certos movimentos, ele está se referindo ao campo dos movimentos corporais e mentais e ao campo das paixões, em oposição ao campo da racionalidade. Por conseguinte, opor razão e vontade, para Hume, é um modo de opor razão e o conjunto que congrega ação e paixão.

Para demonstrar que a razão, sozinha, "não pode nunca ser motivo para uma ação da vontade" e muito menos "se opor à paixão na direção da vontade", o filósofo começa retomando aqueles dois modos pelos quais o entendimento realiza suas operações — demonstração ou probabilidade —, que já rememoramos aqui. Ele insiste que o primeiro modo, isto é, o julgamento por demonstração, não é capaz de causar uma ação porque, estando localizado no domínio das ideias, ele se encontra separado do domínio das impressões; logo, separado do que diz respeito tanto às paixões, quanto às impressões de objetos externos (mais precisamente: as impressões originais), as quais, podemos dizer, estão no fundamento das nossas relações com o mundo material, com as questões de fato. E é igualmente nula, para ele, a possibilidade de nossas ações serem influenciadas diretamente pelo outro modo de operar do entendimento, isto é, pela probabilidade, porque o papel da racionalidade na nossa relação com as questões de fato é apenas o de formular juízos acerca de impressões que a precederam, como já foi explicado. Quando estamos, por exemplo, na iminência de sentir dor ou prazer por causa de um objeto, experimentamos *em antecipação* uma aversão ou uma propensão que nos orienta a abraçar ou a repelir aquilo que nos causará aquele desprazer ou aquela satisfação — essa antecipação é, de fato, anterior a qualquer exame racional do caso, anterior e, de certo modo, independente, seguindo sua própria cadeia de associações de impressões e ideias a orientar as sensações e reações. Esse sentimento de aversão ou propensão não se limita a nos situar diante da probabilidade de *um* dos sentimentos que o objeto causará, mas também nos leva a olhar para todos os lados, "abrangendo qualquer objeto que esteja conectado com o original pela relação de causa e efeito" (Hume, 2000, p. 450); ou seja, tão logo um objeto nos cause uma impressão e essa impressão provoque um sentimento, nossa mente realiza associações de ideias que vêm desenvolver nossa relação com esse objeto, muitas vezes levando a inferências acerca de outros objetos, que despertam outros sentimentos; mas essa é a única função que se pode atribuir a algo como a razão aí.

Hume argumenta que a racionalidade corresponde à produção de tais conexões entre objetos, mas, para tanto, ela não se confunde com esses objetos, quero dizer, eles possuem uma existência à parte dela para poderem servir de objetos para ela. Sendo assim, há racionalidade em operação na própria constituição das conexões entre causas e efeitos, entre objetos e outros objetos, entre sentimentos e outros sentimentos, mas essa racionalidade não é muito diferente da memória, da simples capacidade perceptiva ou de uma capacidade de aprendizado: ela produz as conexões na mente, mas o que se conecta são as impressões e as reações que elas despertam, e o que define as conexões são o costume e o hábito, e toda ação é determinada pelas paixões e pelos costumes, a razão não sendo mais que um instrumento (reduzido a relações de semelhança, contrariedade, graus de qualidade e proporções de quantidade entre ideias) que possibilita um modo específico de complexificar a transformação de corpos que percebem e reagem em corpos que sentem e agem. Nas palavras de Hume:

> É aqui, portanto, que o raciocínio tem lugar, ou seja, para descobrir essa relação; e conforme nossos raciocínios variam, nossas ações sofrem uma variação subsequente. Mas é claro que, neste caso, o impulso não decorre da razão, sendo apenas dirigido por ela. É a perspectiva de dor ou prazer que gera a aversão ou propensão ao objeto; e essas emoções se estendem àquilo que a razão e a experiência nos apontam como as causas e os efeitos desse objeto. Nunca teríamos o menor interesse em saber que tais objetos são causas e tais outros são efeitos, se tanto as causas como os efeitos nos fossem indiferentes. Quando os próprios objetos não nos afetam, sua conexão jamais pode lhes dar uma influência; e é claro que, como a razão não é senão a descoberta dessa conexão, não pode ser por meio dela que os objetos são capazes de nos afetar (Hume, 2000, p. 450).

Note-se que Hume reconhece um papel da razão em "dirigir" a ação — conforme é ela que efetua as conexões entre objetos e sentimentos para além do imediato, relacionando ideias e, portanto, influenciando nas cadeias de relação de impressões e ideias. Ao mesmo tempo, a realização dessas conexões também é dirigida pelo costume e pelo hábito, de modo que de nenhum modo a razão determina *quais* vão ser as conexões — ela de fato está reduzida à simples capacidade de fazer conexões (e, destacadamente, por modos específicos, nomeados como semelhança, contrariedade, graus de qualidade e proporções de quantidade). Podemos dizer que, atuando junto da memória, a razão torna mais complexas as possibilidades de conexões de impressões e ideias, conforme possibilita passar, por exemplo, de impressões originais a ideias distintas, mesmo que distantes, se a elas se puder chegar por aqueles quatro modos específicos de sua ação. Com o raciocínio, não ficamos presos às reações imediatas de nossos organismos, pois, conforme as percepções esvanecem ao nível de ideias, elas podem entrar em relações mais variadas do que as imediatamente causadas pelas impressões. Esse é todo o papel da razão aí (muito próximo, inclusive, do papel da imaginação), enquanto as paixões e as ações, por sua vez, encadeiam-se por suas próprias justificações, costumes e motivações.

"Uma vez que a razão sozinha não pode produzir nenhuma ação nem gerar uma volição", Hume escreve, "infiro que essa mesma faculdade é igualmente incapaz de impedir uma volição ou de disputar nossa preferência com qualquer paixão ou emoção" (Hume, 2000, p. 450). Hume insiste que a única maneira de a razão ter "esse efeito de impedir a volição seria conferindo um impulso em direção contrária à de nossa paixão; e esse impulso, se operasse isoladamente, teria sido capaz de produzir a volição" (Hume, 2000, p. 450). Dito de outro modo, o filósofo é levado a concluir que nada pode se opor ao impulso da paixão, ou mesmo freá-lo, a não ser um impulso contrário. E tal impulso jamais poderia resultar da razão, pois, para tanto, ela "teria de exercer uma influência original sobre a vontade e ser capaz de causar, bem como de impedir, qualquer ato volitivo" (Hume, 2000, p. 450-451). Mas ela não tem essa capacidade de exercer influência original sobre a vontade, assim como não pode "manter a mente em suspenso por um instante sequer" (Hume, 2000, p. 451), isto é, não pode impedir o encadeamento volitivo de seguir seu curso. A razão opera conectando, mas não decidindo nem suspendendo as conexões que se enraizaram no caráter. Ela não é capaz de causar ou impedir qualquer ato volitivo. Hume diz:

> Vemos, portanto, que o princípio que se opõe a nossa paixão não pode ser o mesmo que a razão, sendo assim denominado apenas em um sentido impróprio. Quando nos referimos ao combate entre paixão e razão, não estamos falando de uma maneira filosófica e rigorosa (Hume, 2000, p. 451).

Em uma sequência, então, que é considerada por muitos o ponto máximo do ceticismo filosófico (que é apresentado ao longo do Livro I do *Tratado*), Hume afirma que: a razão não pode agir sobre a mente, nem causar nem impedir seus movimentos. É nesse ponto que nos deparamos com a passagem que, segundo muitos (por exemplo, Árdal, 1996, p. 106) é a mais citada e complexa de todo o *Tratado*, quiçá de toda a produção do filósofo escocês: "A razão é, e deve ser, apenas a escrava das paixões, e não pode aspirar a outra função além de servir e obedecer a elas" (Hume, 2000, p. 451).

Acompanhemos o desenvolvimento desse raciocínio. Uma das consequências daquela separação entre razão e vontade está na noção de que não é possível considerar que uma paixão possa contradizer a razão. Elas simplesmente dizem respeito a campos diferentes de consideração. Hume escreve:

> Uma paixão é uma existência original ou, se quisermos, uma modificação de existência; não contém nenhuma qualidade representativa que a torne cópia de outra existência ou modificação. Quando tenho raiva, estou realmente possuído por essa paixão; e, com essa emoção, não tenho mais referência a um outro objeto do que quando estou com sede, ou doente, ou quando tenho mais de cinco pés de altura. Portanto, é impossível haver uma oposição ou contradição entre essa paixão e a verdade ou a razão; pois tal contradição consiste na discordância entre certas ideias, consideradas como cópias, e os objetos que elas representam (Hume, 2000, p. 451).

Note-se que Hume toma, por paradigma de verdade, uma correspondência entre a cópia, ou a representação, e o objeto que ela representa. Não seria equivocado considerarmos que, no caso, para Hume, tal cópia corresponde ao que ele chama de *ideia*, enquanto o objeto representado, em geral, aparece como *impressão* (lembremo-nos que, para Hume, todas as nossas percepções ou são impressões, ou são ideias, sendo que ele afirma: "Denomino *ideias* as pálidas imagens dessas impressões no pensamento e no raciocínio" (Hume, 2000, p. 25, itálico do original)). A paixão sendo, por definição, uma impressão, não representa nada — sentir uma paixão é uma existência em si, assim como as modificações das paixões são modificações nessa existência, não tendo qualquer relação com uma adequada ou inadequada representação.

E Hume prossegue:

> Nada pode ser contrário à verdade ou à razão exceto o que se refira a ela de alguma maneira, e uma vez que somente os juízos de nosso entendimento o fazem, deve-se seguir que as paixões só podem ser contrárias à razão enquanto estiverem acompanhadas de algum juízo ou opinião. De acordo com esse princípio, que é tão evidente e natural, um afeto só pode ser dito contrário à razão em dois sentidos. Primeiro, quando uma paixão, como a esperança ou o medo, a tristeza ou a alegria, o desespero ou a confiança, está fundada na suposição da existência de objetos que não existem realmente. Segundo, quando, ao agirmos movidos por uma paixão, escolhemos meios insuficientes para o fim pretendido, e nos enganamos em nossos juízos de causas e efeitos. Quando uma paixão não está fundada em falsas suposições, nem escolhe meios insuficientes para sua finalidade, o entendimento não pode nem justificá-la nem condená-la. Não é contrário à razão eu preferir a destruição do mundo inteiro a um arranhão em meu dedo. Não é contrário à razão que eu escolha minha total destruição só para evitar o menor desconforto de um índio ou de uma pessoa que me é inteiramente desconhecida. Tampouco é contrário à razão eu preferir aquilo que reconheço ser para mim um bem menor a um bem maior, ou sentir uma afeição mais forte pelo primeiro que pelo segundo. Um bem trivial pode, graças a certas circunstâncias, produzir um desejo superior ao que resulta do prazer mais intenso e valioso. E não há nisto nada mais extraordinário que ver, em mecânica, um peso de uma libra suspender outro de cem libras, pela vantagem de sua situação. Em suma, uma paixão tem de ser acompanhada de algum juízo falso para ser contrária à razão; e mesmo então, não é propriamente a paixão que é contrária à razão, mas o juízo (Hume, 2000, p. 451-452).

Uma vez estabelecido que uma paixão não pode ser contrária à razão, Hume vai concluir que é impossível que razão e paixão possam se opor mutuamente ou disputar o controle da vontade e das ações. É como se o filósofo estivesse dizendo que as paixões confiam (e devem mesmo confiar plenamente) na função literal da razão, qual seja, a de decidir entre o falso e o verdadeiro. E na verdade não é nem mesmo que Hume pense a razão como uma faculdade ou um poder da mente capaz de *decidir* entre o falso e o verdadeiro — para ele, "A razão é a *descoberta* da verdade ou da falsidade" (Hume, 2000, p. 489, destaque nosso), ou seja, damos ao processo de *descoberta* da falsidade e da verdade, operado pela mente a partir das impressões e das ideias, o nome de *razão*. Assim, na medida em que um sentimento ou uma paixão não pode ser dito falso ou verdadeiro, isto é, não pode ser contraditado, a razão não pode ter nenhuma ascensão ou determinação sobre ele. É por isso que, para a razão, tanto faz se eu desejo um arranhão no meu dedo ou a destruição da humanidade: a razão me faz compreender o que é um arranhão ou o que posso entender por "humanidade", mas não diz nada acerca dos desejos, não "enxerga" nos sentimentos algo que esteja no âmbito do falso ou do verdadeiro.

Do mesmo modo, as reações emocionais, segundo o filósofo, obedecem a seus próprios movimentos, independentemente do raciocínio. "Quando alguém me causa algum dano", escreve Hume,

> Frequentemente sinto uma paixão violenta de ressentimento, que me faz desejar seu mal e punição, independentemente de qualquer consideração de prazer e vantagem que eu possa obter com isso. Quando sou diretamente ameaçado por um mal opressivo, meus medos, apreensões e aversões se intensificam, produzindo uma emoção sensível (Hume, 2000, p. 453).

Nesse exemplo, o desejo de vingança não é resultado de uma reflexão acerca do prazer da vantagem a ser obtida, mas simplesmente a resposta passional ao ocorrido. Se a razão possui algum papel aí, ele está inteiramente submetido à orientação que as paixões tomarem — podemos dizer, por exemplo, que tudo o que a razão poderia fazer para ajudar a aplacar tal sentimento seria contribuir para a sua efetivação. Tomado pelo desejo de vingança, eu poderia contar com a ajuda da razão para planejar a destruição daquele que odeio, dependendo também da razão para me assegurar a execução de uma vingança perfeita, capaz mesmo, se necessário, de driblar a lei. Ou seja, a razão pode atuar nas inferências necessárias para que eu conduza minha ação, mas a orientação da minha ação é inteiramente determinada pelas minhas paixões e a razão não pode fazer nada a respeito disso — pelo que se entende, inclusive, que o campo da moral, então, seja um campo governado pelas dinâmicas passionais, e não pelas deduções racionais.

É claro que existe uma forma de frear os impulsos passionais, ou desviar seu curso de associações. No sistema de Hume, é tão somente um impulso contrário. Por exemplo, minha vontade violenta de destruir alguém que me causou um dano pode ser refreada pelo fato de eu perseguir outros interesses e objetivos — não porque raciocino acerca desses outros interesses e objetivos, mas precisamente porque tenho paixões direcionadas a esses outros interesses e objetivos. É possível que, pela reflexão, eu traga à mente (ou alguém me ajude a trazer à mente) esses outros objetos de meu interesse, que trarão consigo as paixões que os acompanham em meu caráter, e será a presença dessas paixões em minha mente que poderá, se elas forem suficientemente fortes, anular aquela paixão violenta, destrutiva, direcionada ao outro.

Uma imagem que julgo didática para ilustrar o argumento de Hume de que a razão não é princípio ativo, isto é, que ela não determina nossas ações, está no famoso episódio do canto das sereias da *Odisseia* de Homero. No canto 12, versos 170 a 200 (Homero, 2018, p. 359-360), são as paixões de Ulisses que protagonizam toda a cena — a razão do herói apenas busca o meio para que sua vontade se realize. Circe advertira Ulisses e a tripulação de sua nau de que "Das Sirenas prodigiosas" eles evitassem "a voz e o prado florido" sob pena de que, enredados pelo canto daquelas vozes, seriam arrastados à morte. Mas as "paixões" de Ulisses, quais sejam, seu amor pela curiosidade e conhecimento ("Sabemos tudo que ocorre sobre a terra nutre-muitos") e seu amor pela própria fama (é com este verso que as sirenas o conquistariam definitivamente: "Vem cá, Odisseu muita-história, grande glória dos aqueus") o levam a querer ouvir o canto das sereias, a despeito do perigo. A solução que ele encontra é a de tampar os ouvidos da tripulação do barco com cera (para que não ouvissem os cantos e seguissem remando) enquanto ele mesmo ficaria com os ouvidos abertos, mas amarrado ao mastro da nau:

> E eu a um grande naco de cera, com bronze afiado,
> Fragmentei e apertava mãos robustas.
> Logo a cera amoleceu, pois impeliu-a a grande pressão
> E o raio de sol, o senhor Hipérion;
> Também os ouvidos de cada um dos companheiros.
> Na nau, prenderam-me mãos e pés, por igual,
> Reto no mastro, e nele amarraram os cabos;
> Sentados, golpeavam o mar cinzento com remos.
>
> Homero, 2018, p. 359.

Essa imagem ilustra o fato de que saber que seguir o canto das sereias levaria à morte jamais seria suficiente para impedir o desejo de ir atrás dele — o *entendimento* do caso não interferiria no seu andamento. Mas, através de sua astúcia (diremos: sua razão), Ulisses conseguiu elaborar um artifício de modo a que sua paixão por conhecimento e fama superasse a paixão atrativa das sereias — ele elaborou os instrumentos para que aquelas paixões superassem esta. Não é, portanto, inoportuno interpretar o argumento de Hume acerca da relação entre razão e paixão sob essa clave de Ulisses, cujo coração aflito *sente* (Homero, 2018, p. 358, vs. 150-153) enquanto a razão inerte *intui*, *infere*, *demonstra*, enfim, *planeja*. A razão pode, por suas inferências e relações de ideias, encontrar os meios mais adequados para dar livre curso às paixões, e nisso pode mesmo influenciar o jogo de forças das paixões, conforme estabelece conexões mais ou menos fortes no costume e no hábito e conforme elabora as condições sob as quais algumas paixões agirão sobre outras. Mas são sempre as paixões que impelem e orientam a ação — tendo a razão somente a seu serviço, nas palavras de Hume, como sua escrava.

Por fim, podemos ainda recorrer a Árdal para melhor entender o argumento de Hume acerca da razão como escrava das paixões. Uma das teses do comentador acerca do argumento humiano é a de que ele de modo algum está propondo simplesmente uma inversão nos papéis consagrados à razão e às paixões. Não se trata de atribuir as cores mais vantajosas em favor das paixões e pintar a razão como um perigo, mas sim apenas de notar que é mais apropriado pensar em um sistema de colaboração entre essas instâncias da mente.

Segundo Árdal (1966, p. 106),

> Nenhuma passagem do *Tratado* é mais citada do que esta: "A razão é, e deve ser, apenas a escrava das paixões, e não pode aspirar a outra função além de servir e obedecer a elas". É tentador interpretá-la tomando o seu significado como se Hume estivesse defendendo uma inversão nos papeis consagrados à razão e à paixão.

Hume faz referência explícita à doutrina tradicional de que nossas ações devem ser guiadas pela razão em detrimento das paixões — "A eternidade, a invariabilidade e a origem divina da razão têm sido retratadas nas cores mais vantajosas; a cegueira, a inconstância e o caráter enganoso da paixão foram salientados com o mesmo vigor" (Hume, 2000, p. 449). Os pensadores que ele quer criticar têm, ao que parece, defendido a ideia de que a razão é um guia melhor do que as paixões. Estas seriam um guia pobre, a razão seria um bom guia. Ora, ao se opor a tal orientação, algumas pessoas poderiam antecipar a ideia de que Hume vai inverter a hierarquia e afirmar que devemos seguir as paixões porque a razão seria um guia inferior. No entanto, o modo como Hume combate a doutrina tradicional é inconsistente com essa interpretação. Seu argumento não diz que a razão é um guia pobre, mas antes que ela não pode sequer ser considerada um guia. Sua capacidade de nos guiar é limitada a tal ponto que ela só pode afetar a nossa conduta se estiver a serviço das paixões (*subservient to passions*). Ele argumenta que a razão sozinha jamais pode ser um motivo de qualquer ação da vontade e conclui a partir disso que ela, a razão, nunca pode se opor à paixão no direcionamento da vontade. Não existe inversão da hierarquia, senão uma mudança no papel da razão, que passa de guia a utensílio, de mestre a instrumento.

Mas a questão, segundo Árdal, mais do que compreender a imagem da escravidão como subserviência, está em compreender o "deve" (*ought*) da expressão "é, e deve ser, apenas a escrava das paixões" (*is, and ought only to be the slave of the passions*). De acordo com o comentador, o quebra-cabeça da relação entre razão e paixão é resolvido quando consideramos que Hume está, nesse caso, fazendo uma recomendação terminológica. Dizer que a razão deve apenas ser a escrava das paixões significaria que deveríamos usar a palavra "razão" apenas de certo modo. Não porque o uso ordinário do termo nos obriga a isso, pois a palavra é usada também para significar uma "certa paixão calma", mas sim porque Hume acredita que pode ser confuso usá-lo dessa forma e ele quer que nós corrijamos esse uso. Assim, seria possível garantir uma compreensão melhor do que está em jogo quando se julga ações, por exemplo, como "irracionais" (*unreasonable*). De acordo com Árdal (1966, p. 107),

> A restrição dos termos *racional* (*reasonable*), *irracional* (*unreasonable*), *contrário à razão* (*contrary to reason*), *em conformidade com a razão* (*in conformity with reason*) nos fará mais conscientes de uma distinção de muito valor e que é facilmente negligenciada.

A interpretação de Árdal acerca da doutrina da "razão-escrava" nos parece bastante pertinente. Afinal, nada no texto de Hume nos autoriza a atribuir ao filósofo do iluminismo escocês uma tentativa de inverter os papeis daquelas faculdades que desde sempre vêm protagonizando o combate moral, com a recorrente derrota das paixões diante da razão. Além de demonstrar que tal combate não passa de um "erro comum dos metafísicos", um erro aliás constrangedor, na medida em que resulta de uma maneira de falar não-filosófica e sem rigor, o que Hume faz é resgatar as paixões daquela falsa "zona de conflito", livrando-as daquela condição de rebaixamento, cegueira, inconstância e enganação — uma condição, diga-se, indigna frente ao seu verdadeiro papel dentro da beleza e da complexidade da geografia da mente natural. É nesse sentido que se pode falar de um triunfo das paixões no pensamento humiano. Não se trata de um triunfo contra a razão, mas de uma "vitória" que envolve toda a beleza e a complexidade da geografia da mente, na qual as paixões fundamentam a vida prática, assegurando juízos morais estáveis a partir da própria natureza humana — sem, no entanto, prescindirem da razão, a qual, se não pode ela mesma ser causa das ações e da vontade, pode (e deve) operar no terreno da utilidade, determinando as questões de fato e estabelecendo as relações de ideias e, com isso, informando-nos "sobre a tendência dos atributos e ações" e apontando "suas consequências benéficas para a sociedade ou para seu possuidor" (Hume, 2013, p. 173). Como foi mencionado anteriormente, sem a atuação da razão o sistema das paixões não alcançaria o nível de complexidade que alcança na natureza humana, uma vez que é seu poder de relacionar ideias que abre, para nós, a capacidade de desenvolver cadeias associativas mais variadas para as paixões. Junto da memória e da imaginação, a razão fornece a possibilidade de nossas ações e reações passionais irem além das interações imediatas com as impressões originais, lançando-se, por exemplo, na construção objetiva de um caráter, com toda a consequente sociabilidade envolvida nessa constância.

Esse é o triunfo que a filosofia experimental de Hume garante às paixões: o triunfo da colaboração, a qual se institui entre as faculdades desde o primeiro momento em que o filósofo nos assegura que seus sistemas do entendimento e das paixões são contíguos e análogos, na Advertência com que abre o *Tratado*. Não é, como se nota, um triunfo qualquer. E ainda que a metáfora *escrava*, dado todo o caráter complexo que a envolve, não seja de todo agradável, é exato afirmar que, para Hume, dado o fluxo indelével das impressões secundárias ou reflexivas (onde localizamos as paixões), a razão se encontra *o tempo todo a serviço* da aferição das tendências e ações.

Sem essa operação da razão, a determinação das paixões em motivar e causar as ações teria pouca serventia para a sociedade, e o agente, muito provavelmente, restaria em uma espécie de entropia estéril.

As paixões calmas como racionalidade

Hume se pergunta o que leva o homem a comumente pensar que a razão tem o poder de ter algum controle sobre a vontade e as ações. Por que ele normalmente acha que tem a experiência de uma racionalidade agindo quando pondera sobre suas ações e, a partir dessa reflexão, sente decidir por um ou outro caminho? O problema, ele responde, parece não estar com a razão, mas com a percepção que os homens têm dela. De acordo com o filósofo, o exercício da razão, por não produzir nenhuma emoção sensível, não transmite ou gera nem prazer nem dor (salvo algum conforto ou desconforto que pode advir "nas indagações filosóficas mais sublimes, ou nas frívolas sutilezas escolásticas" (Hume, 2000, p. 453), o que podemos tomar por efeitos de outros movimentos que não o do puro raciocínio que expressem). No entanto, segundo o filósofo, toda ação da mente que opera regularmente com calma e tranquilidade tende a ser confundida com a razão "por aqueles que julgam as coisas por seu primeiro aspecto e aparência" (Hume, 2000, p. 453). Assim, quando se julgam as ações, o comportamento e o caráter de uma pessoa governada predominantemente pelas paixões calmas, tende-se a pensar que ela está na verdade sendo governada pela razão. Ou seja, nesse caso, o homem costuma chamar de *razão* aquilo que, no fundo, é paixão. É fácil entender o motivo dessa ilusão: alguém que venha a ser predominantemente governado por uma ou mais paixões violentas tenderá a causar no observador a impressão de que é um sujeito irracional, no sentido mais negativo do termo. No entanto, também existem as paixões calmas — "é certo que há determinadas tendências e desejos calmos que, embora sejam verdadeiras paixões, produzem pouca emoção na mente, sendo conhecidos mais por seus efeitos que pelo sentimento ou sensação imediata que produzem"

(Hume, 2000, p. 453). Esses desejos, Hume os classifica em três listas: a) certos instintos originalmente naturais, como a benevolência e o ressentimento, o amor à vida e a ternura pelas crianças; b) o apetite geral pelo bem e a aversão ao mal, considerados meramente enquanto tais; e c) os sentimentos do belo e do feio experimentados diante de ações, composições artísticas e outros objetos externos. "Quando alguma dessas paixões é calma e não causa nenhuma desordem na alma", teoriza Hume, "é facilmente confundida com as determinações da razão, e supomos que procede da mesma faculdade que a que julga sobre a verdade e a falsidade" (Hume, 2000, p. 453).

Observemos como Hume se refere a essa questão na sua *Dissertação sobre as paixões*:

> O que costuma ser chamado de razão em sentido popular, e tão recomendada em discursos morais, não é mais que uma paixão geral e serena, que vê os objetos de modo compreensível e à distância, e atua sobre a vontade sem excitar nenhuma emoção sensível. Um homem, dizemos, é diligente em sua profissão, por causa da razão; ou seja, de um desejo sereno de riquezas e fortuna. Um homem adere à justiça por causa da razão; ou seja, da serena consideração do bem público ou da *figura* que terá diante de si mesmo ou dos outros (Hume, 2021, p. 60, destaque nosso).

O que o senso comum costuma tomar como uma ação da racionalidade sobre as paixões não seria nada além da a ação de paixões calmas suficientemente fortes para frear quaisquer impulsos que, descontrolados, levariam o indivíduo a um comportamento incapaz de aderir a uma finalidade ponderada. E observe-se que destacamos, na citação, o termo "figura", para chamar a atenção para como ele cumpre, aí, com fidelidade, o lugar da noção de reputação — ela possui papel importante no governo das paixões e, apesar de ser uma paixão violenta, opera comumente no fortalecimento do autocontrole, isto é, no apaziguamento de outras paixões violentas que nos desviam dos interesses morais.

Por tudo isso, como já notamos, Hume dirá que o que normalmente chamamos de *firmeza de caráter* (*strength of mind*) nada mais é do que o predomínio das paixões calmas sobre as violentas. Não se trata de possuir uma racionalidade mais ou menos forte (até porque não faz sentido avaliar a racionalidade assim), mas sim de haver adquirido, por costume e hábito, uma tendência maior a se direcionar a objetos e paixões benéficos e calmos, que assim passam a ter mais força de intervenção e contrariedade em relação aos assaltos das paixões violentas. É também nesse ponto que se pode dizer que, de certa forma, Hume admite (assim como Adam Smith depois dele) que a ação de um certo egoísmo virtuoso acaba por contribuir para uma certa estabilidade social — pois aquele que se exercita na construção de um caráter forte e calmo, independentemente dos motivos que o levem a fazê-lo (seja, por exemplo, honra, bondade ou pura vaidade), será mais capaz de resistir às invectivas reativas das paixões violentas, com seus efeitos ativos muitas vezes desarmônicos sobre o corpo político e a sociedade como um todo.

6. A CONSTRUÇÃO DO CARÁTER

Em nenhum momento de sua obra Hume oferece uma conceitualização detalhada e específica do termo "caráter", embora tal termo figure nela recorrentemente e se mostre fundamental para sua teoria moral. No Índice Analítico que acompanha sua tradução do *Tratado*, Déborah Danowski (2000, p. 718) lista 18 formas pelas quais o termo aparece nesse livro:

1. Faltas expressas em palavras e em ações e sua relação com o caráter;
2. Influência do caráter na imaginação;
3. Caráter e identidade pessoal;
4. Orgulho e humildade relativamente ao caráter;
5. Caráter de uma nação;
6. Caráter e simpatia;
7. Possibilidade de inferir as ações do caráter;
8. Caráter e a uniformidade das ações humanas;
9. Oposição entre as ações (temporárias e perecíveis) e o caráter (princípios duradouros) em nossa avaliação moral;
10. Caráter, liberdade e necessidade;
11. Firmeza de caráter;
12. Caráter como independente da intenção e da liberdade da vontade;
13. Razão, em oposição ao sentimento, na determinação do caráter virtuoso;
14. O prazer particular da contemplação do caráter virtuoso;
15. Justiça como qualidade que melhor determina um caráter virtuoso;
16. Influência exercida pelo caráter de uma pessoa sobre seus próximos;
17. Distinção entre caráter amável e caráter respeitável;
18. A quase impossibilidade de a mente alterar seu caráter.

Mesmo com toda essa recorrência e importância, o termo não é em nenhum momento considerado isolada e detidamente por Hume. Em todas as suas ocorrências, é utilizado sem uma definição própria e original, estando sempre relacionado aos seus usos comuns na vida cotidiana, raramente articulado em oposição a eventuais conceituações filosóficas prévias. Somos forçados, então — e é o que vamos fazer aqui —, a reconstruir seu sentido por meio das inserções que ele vai recebendo ao longo dos textos, com destaque para os Livros 2 e 3 do *Tratado*, a segunda *Investigação* e os *Ensaios*. Nossa interpretação encontra uma coerência geral sobre o tema no sistema de Hume, preenchendo algumas lacunas para as quais não há elaboração textual do filósofo. Por mais que com isso extrapolemos a simples exegese, nada do que é dito aqui contradiz o que Hume escreveu — pelo contrário, permite que se compreendam algumas relações que permaneceram vagas, embora necessárias, em seu texto, sem se desviar dos resultados que ele mesmo apontou.

Sobre o uso cotidiano da palavra caráter, algumas observações. Em português, essa palavra está muito atrelada à ideia de julgamento moral. Nós só a utilizamos para falar da qualidade moral de uma pessoa, não raro simplesmente com conotação positiva — por exemplo, "fulano é uma pessoa de caráter", indicando assim constância, cumprimento com a própria palavra, honestidade. Às vezes, também, tomamos a palavra como um traço qualificável como negativo, dizendo algo como "fulano é mau-caráter". Em inglês, porém, o caso é diferente. No teatro inglês (e o teatro era bastante significativo na Inglaterra ao menos desde o reinado de Elizabeth I), a palavra *character* indica aquilo que chamamos de *personagem*. E esse uso, na verdade, é mesmo tão recente quanto o teatro elisabetano — seus registros datam do século XVII, ou seja, apenas um século antes de Hume. Originalmente, a palavra vem do grego *kharakter* (χαρακτήρ), onde indica uma marca, gravação, impressão, símbolo gráfico ou inscrição qualquer, por relação com o verbo *"kharassein"* (χαράσσειν), que significa afiar, cortar, gravar, marcar (Nascentes, 1955, p. 97; Partridge, 2006, p. 475; Hoad, 1996, p. 71). O termo chegou ao latim como *character* e daí passou às línguas latinas e à língua inglesa. É somente a partir do século XIV que, em inglês, se passa a ter registros de seu uso com o sentido de "marca distintiva", no que parece indicar a inscrição que se pode fazer em um objeto ou animal para assinalar propriedade sobre ele (Merriam-Webster, 2021). E apenas no século XVII ele começa a figurar, nos dicionários, como em uma transição de uso metafórico para um novo sentido abstrato: começa a indicar o traço distintivo, não que foi traçado sobre algo, mas que caracteriza um tipo de objeto ou animal — por exemplo, quando se fala no "caráter de um cavalo" para indicar já não um traço que foi gravado em sua pele, mas um conjunto de características próprias do exemplar; ou no "caráter dos holandeses" como o conjunto de características próprias desse povo (Merriam-Webster, 2021; ARTFL, [s.d.]). Em língua inglesa, especificamente, no mesmo século XVII, essa palavra começa a se referir também a indivíduos a partir do teatro e da literatura, conforme na escrita as pessoas são criadas por meio de traços específicos. É por isso que o dicionário do Dr. Johnson, para além das acepções tradicionais relacionadas à ideia de marca, inscrição ou signo, que persistiam, e também para além das acepções ligadas às ideias de "qualidades pessoais, uma constituição particular da mente" ou "uma consideração por qualquer coisa como boa ou má" (o sentido abstrato que chegou ao português), define, como compreensões possíveis para *character*, as ideias de "representação de qualquer pessoa de acordo com suas qualidades pessoais" ou "uma pessoa com seu conjunto de qualidades" (Johnson, 1755). Já os dicionários da Academia Francesa desde o século XVII também indicam acepções que vão nos dois primeiros sentidos: o original, ligado à ideia de marca, signo ou inscrição, e o abstrato, ligado aos traços distintivos de algo ou alguém; mas não passa, como o inglês, ao sentido de indicar o próprio alguém, para o que a língua reservou o termo *"personnage"* (ARTFL, [s.d.]), assim como em português nós ficamos com o termo *personagem*. É importante, ainda, assinalar o destaque dado por todos esses dicionários, a partir do século XVIII (o do Dr. Johnson inclusive), para a relação entre a ideia de *caráter* e a ação de *caracterizar*: o verbo se definindo por ser o ato de traçar, justamente, o *caráter* singular de algo, ou seja, *traçar seus traços* distintivos (ARTFL, [s.d.]; Johnson, 1755). E a *Encyclopédie* traz um grande verbete dedicado ao *caractère* como signo, inscrição, letra ou número, com subverbetes que tomam a ideia de *caractère* como tendência geral de uma pessoa, uma nação, uma personagem de obra literária ou de um autor a se comportar (ou pensar) de uma maneira específica, dando ainda alguma atenção à ideia de caráter de uma obra de arte ou de uma planta como seus conjuntos de características próprias (Diderot; D'Alembert, 2021, v. 2, p. 645-668). Por fim, cabe observar que, no Brasil, introduziu-se recentemente o termo "caractere" para se referir à acepção de signo, letra ou marca, como se a palavra "caráter" ficasse reservada para o sentido abstrato do modo próprio de ser de algo ou alguém; entretanto, a palavra "caráter" permanece dicionarizada como portando também aquele seu sentido original.

Ou seja: quando Hume fala em caráter (em sua língua, em *character*), ele não se refere somente àquilo que nós nos referimos cotidianamente quando usamos a palavra caráter, embora se refira a isso também. Poderíamos dizer que ele se refere a uma ideia geral que congrega as noções de a) traços distintivos de algo, b) persona e c) qualidade moral. O sentido original, de traço distintivo, ainda era muito próximo; quero dizer, os outros usos do termo ainda eram recentes, e era muito comum, na época de Hume, discutir-se questões como o caráter de um povo, de uma raça ou de uma obra. Nós até poderíamos advogar pela tradução de seu uso de *character* como *persona* em alguns momentos, mas assim se perderia o fato de que a palavra também carrega a conotação moral que o caráter tem em português — deve-se ter atenção ao fato de que a filosofia dedicada aos assuntos humanos em geral, em sua época, se chamava, não à toa, de Filosofia Moral, o que mostra que não se pensava, ali, uma fronteira bem marcada entre as constituições de uma persona (uma pessoa) e de seu valor moral. O que precisamos fazer, então, é usarmos simplesmente a palavra caráter, mas tendo em mente que, aqui, ela guarda esse sentido mais amplo. Quando falarmos, por exemplo, na construção do caráter de uma pessoa, não estaremos nos referindo apenas à moralidade de seu comportamento, mas sim a essa moralidade junto de sua personalidade em geral, seus traços distintivos particulares, sua persona, sua identidade pessoal, sua imagem individual.

Por isso, a questão do caráter em Hume caminha muito próxima de um dos aspectos mais famosos e polêmicos de sua filosofia, que se convencionou chamar de "Labirinto de Hume" (*Hume's Labyrinth*). Trata-se da polêmica questão do eu (do *self*) que aparece na Seção 6 da Parte 4 do Livro I do *Tratado*. Ali, Hume descarta qualquer possibilidade de existência de uma identidade fixa do eu individual, um eu prevalente, e declara que o que convencionalmente a filosofia vinha chamando de *eu* (*self*) não passa de um feixe ou uma coleção de diferentes percepções (*bundle or collection of different perceptions*) "que se sucedem umas às outras com uma rapidez inconcebível, e estão em perpétuo fluxo e movimento" (Hume, 2000, p. 285). O argumento de Hume é coerente com seu método experimental: se procuro dentro de mim algo como uma substância própria, um *eu* que me individualize, não encontro tal objeto, porque não tenho experiência dele; só o que encontro é esse conjunto de percepções que, em mim (nesse meu espaço neutro que chamo "minha mente"), constitui meu modo de ser.

É possível afirmar que, considerando essa inexistência de uma identidade permanente e eterna ligada ao indivíduo ou ao sujeito, aquilo de mais próximo a que chegaremos de uma imagem da identidade pessoal, isto é, de uma imagem estável do que é esse *eu*, na filosofia de Hume, está na sua noção de caráter. É por isso que acredito ser possível afirmar que o caráter pode ser concebido como uma espécie de "identidade mínima" no pensamento humiano. Em outras palavras, um possível "*eu* humiano" pode no máximo almejar o *status* de traços (*turn of character*), disposições (*dispositions of the mind or particular tempers and dispositions*), inclinações (*inclinations*) e qualidades (*qualities*), os quais, em conjunto, conformam o desenho geral e singular do indivíduo, designado por seu caráter.

O leitor, entretanto, poderia argumentar que, assim como Hume afirma não haver experiência direta de um eu substancial, senão uma coleção de percepções, tampouco temos experiência de algo como um caráter, senão apenas de ações e comportamento. O filósofo reconhece que é assim. Mas argumenta é que o caráter é uma ideia composta que formamos a partir da percepção de uma tendência geral do indivíduo a certos comportamentos. Ele observa que, por meio da consideração das ações, nós tendemos a formar a imagem de um caráter de seu agente, em geral como modo de regular nossas expectativas acerca da pessoa. Em suas palavras:

> É evidente que, quando elogiamos uma determinada ação, consideramos apenas os motivos que a produziram, e tomamos a ação como signo ou indicador de certos princípios da mente e do caráter. A realização externa não tem nenhum mérito. Temos de olhar para o interior da pessoa para encontrar a qualidade moral. Ora, como não podemos fazê-lo diretamente, fixamos nossa atenção na ação, como signo externo. Mas a ação é considerada apenas um signo; o objeto último de nosso elogio e aprovação é o motivo que a produziu (Hume, 2000, p. 517).

Dito de outro modo, jamais temos percepção (impressões e ideias) do caráter de alguém, senão de suas ações. Mas nossa avaliação de suas ações (elas aparecem sendo agradáveis ou desagradáveis) só pode ser devidamente feita se apontar para uma avaliação de sua qualidade moral, a qual toma forma no exame das motivações por trás da ação. Tais motivações conformam a ideia de uma natureza do indivíduo, sua tendência geral para certas ações (agradáveis ou desagradáveis) — o que podemos nomear de seu caráter (agradável ou desagradável).

É importante notar que o caráter de alguém pode ser inferido a partir de uma consideração de suas ações não somente porque nossa percepção é capaz de o imaginar, mas porque, de certo modo, o caráter realmente existe — ele se constitui na pessoa. Nosso comportamento se padroniza conforme o princípio de busca pelo prazer e aversão à dor nos ensina quais ações queremos repetir e quais queremos evitar. O costume faz com que as ações mais reforçadas tendam a se repetir e as mais evitadas tendam a desaparecer como possibilidade. O fato de que nós adquirimos um padrão comportamental serve de suporte para que exista a percepção desse padrão — é possível, para um observador, inferir um padrão comportamental de uma pessoa justamente porque esse padrão existe. Enganos podem ocorrer, claro, conforme as experiências que alguém tenha de outra pessoa sejam parciais e as conclusões sejam precipitadas; mas, de qualquer modo, vê-se construir aí um jogo de erro e acerto ao redor de um objeto que, em todo caso, está lá.

Podemos considerar, então, que o caráter deve ser pensado a partir de duas perspectivas simultaneamente, sendo que as duas coincidem com os papéis ativo e passivo que o costume possui no sistema humiano: por um lado, na constituição de um padrão comportamental e, por outro lado, na percepção desse padrão. Pelo lado ativo, ou seja, na padronização do comportamento, o costume de fato constitui algo que podemos denominar como um conjunto de tendências, disposições e inclinações naturais. Pelo lado passivo, isto é, na percepção desse conjunto, o costume está presente através do mecanismo da causalidade, que leva o observador a conectar recorrentemente o indivíduo observado ao seu modo de agir nas situações em que se encontra, regulando assim suas expectativas acerca dele e *imaginando* aquelas tendências, disposições e inclinações que ele possui. O que denominamos caráter, portanto, é a imagem de um padrão comportamental, a qual passa a figurar como objeto causal das ações observadas. Essa imagem, então, pode ser tomada como o alvo das avaliações morais que se faz dessas ações, além de tornar possível estender tais avaliações morais ao indivíduo que as realiza.

A questão da coincidência entre a imagem e o objeto assume uma forma peculiar aqui. Entre perceber ações e reconhecer um traço constitutivo do agente existe um salto interpretativo. Já mesmo entre um conjunto de ações distintas e a percepção de que esse conjunto é a recorrência de um comportamento existe uma espécie de interpretação. Por exemplo: vemos um indivíduo atacando verbalmente alguém, em outra ocasião o vemos agir com brutalidade sobre alguns objetos, e ainda em outro momento nos deparamos com ele a agredir fisicamente outra pessoa. As três ocorrências são espaçadas no tempo, são percepções diferentes, são ocasiões distintas.

Elas se unificam, na nossa percepção, pelo fato de terem a mesma pessoa protagonizando a cena, mas não somente por isso — nunca é somente isso que acontece. Se fosse, poderíamos ter apenas a imagem de alguém agindo de três maneiras em três momentos. Porém, o que temos é a imagem de um indivíduo grosseiro. O que acontece é que, se as três cenas nos causam incômodo, elas não figuram na nossa mente apenas como três ocorrências distintas, mas como três manifestações de um mesmo elemento — o elemento geral desse incômodo, que no caso é a grosseria. E esse elemento está conectado ao agente das ações, de modo que a imagem que temos é a de um indivíduo grosseiro. Há, portanto, uma sequência interpretativa que vai da percepção de ações, passa pelo modo como elas nos afetam, passa ainda por tomar esses afetos como índice de um traço moral, e termina por associar esse traço à imagem do agente das ações. Tal imagem — que denominamos caráter — é, assim, o resultado de uma transposição de um padrão comportamental para um conjunto de traços distintivos avaliáveis moralmente, passando por uma reação passional.

Acerca da questão da possibilidade de observação do caráter, então, pode-se concluir que nossas avaliações morais, para Hume, não ocorrem exatamente entre objetos visíveis e objetos invisíveis (as ações percebidas e as tendências e disposições "internas" de uma pessoa). Como observa Annette C. Baier, "o caráter não é nenhuma constituição interna oculta"; ele é, isso sim, "a face expressiva daquela natureza interna" (2008, p. 4) — ou seja, é a face à mostra de um conjunto imaginadamente interno de motivos, disposições e qualidades que orientam o comportamento do indivíduo. O caráter, na verdade, mais do que um elo entre o visível e o invisível, é um elo entre elementos mais temporários e perecíveis (ações e emoções) e a projeção de outros mais duradouros (o padrão comportamental, o valor moral de alguém). Esse jogo de temporalidades fica mais evidente quando consideramos a possibilidade de modificação de um caráter. De fato, nenhum caráter é imutável, embora modificá-lo seja uma tarefa relativamente lenta. Essa mutabilidade é o que nos permite pensar uma capacidade formativa do indivíduo — sua aptidão a se adaptar e aprender com suas experiências. E o que vai regular, no fim das contas, a relação entre a qualidade da constância e a capacidade de aprendizado será um jogo de velocidades.

Como Baier resume:

> O caráter é, em grande medida, uma questão do que são nossas paixões e intenções, e, em outra medida, uma questão ligada aos hábitos que temos para adquirir e corrigir nossas crenças, mas enquanto esses últimos podem mudar rapidamente, as paixões são "lentas e irrequietas" e por isso o caráter é tido por Hume como sendo ainda mais lento de ser alterado (Baier, 2008, p. 4).

Aqueles traços, disposições, inclinações e qualidades associados aos motivos são a matéria-prima que vai moldando o caráter de uma pessoa aos olhos das outras. Ao aprovar uma, duas, três vezes as ações de determinada pessoa, o costume me fará enxergar (e me comprazer com) um padrão de qualidade nessas ações. Esse padrão que eu vou percebendo nas ações daquele que eu observo (julgo) nada mais é do que o seu caráter. Logo, uma mudança de caráter, qualquer que seja ela, depende da mudança *do padrão* das ações. É pelo exercício da recorrência, necessariamente mais vagaroso do que um impulso apaixonado momentâneo, que o caráter se constitui, permitindo que a constância seja construída lentamente até se consolidar como uma efetiva reputação.

Note-se que, no sistema de Hume, o que possibilita as padronizações comportamentais e suas mudanças são as paixões — são elas que motivam o desejo e a necessidade dos ajustes, são elas que regram nossa relação com as coisas e as pessoas. Por isso, "o que se chama de firmeza de caráter [*strength of mind*]", escreve Hume, significa apenas "o predomínio das paixões calmas sobre as violentas" (Hume, 2000, p. 454), visto que aquelas nos permitem ponderar mais pausada e conscientemente sobre as ações, elas se limitam a uma consideração dos objetos sem necessariamente nos levarem a ações responsivas ou abruptas, ao contrário das paixões violentas, que são aquelas que nos tomam a mente e orientam nosso comportamento antes mesmo de meditarmos sobre o valor real do que estamos realizando. Ceder às solicitações das paixões e dos desejos violentos significa colocar em risco, ou ao menos enfraquecer de certo modo, aquela firmeza de caráter. "É fácil observar que não há ninguém que possua essa virtude de forma tão constante que nunca, em nenhuma ocasião, ceda às solicitações da paixão e do desejo" (Hume, 2000, p. 454), Hume nota — *a virtude da firmeza de caráter está sempre ameaçada por uma ou por várias paixões violentas*. Mas, de qualquer maneira, manter a predominância das paixões calmas sobre as violentas é o ideal da virtude ou, mais do que isso, um tipo de razão. Pode-se dizer que, com a firmeza de caráter, nos tornamos previsíveis, uma vez que a constância é, justamente, a marca tanto da calmaria como *da constituição do caráter — e essa previsibilidade é o que aproxima nosso comportamento de aparentar racionalidade e promover segurança*. A constância de nosso caráter é importante para a vida pública, pois é no exercício dessa constância que adquirimos nossa reputação, nosso nome, sendo que a existência da reputação como um objeto da percepção é central para nossas dinâmicas sociais.

É graças à existência do caráter e sua reputação que nosso conhecimento acerca do valor das ações pode ir além de apenas saber quais ações podem ter quais consequências e sentir se essas consequências são prazerosas ou dolorosas. Graças ao caráter e sua reputação, nós nos tornamos capazes de, na interação interpessoal, avaliar de que modo nossas ações provocam uma tendência comportamental dos outros em relação a nós — conforme elas nos julgam bem ou mal em suas expectativas. Instaura-se, com o caráter, uma dinâmica mais complexa acerca dos modos como podemos obter vantagens no meio social. Não é à toa que Hume escreve, na sua segunda *Investigação*, que "Em nossa busca tenaz e sincera de um caráter, um nome, uma reputação no mundo, passamos frequentemente em revista nosso procedimento e conduta, e consideramos como eles aparecem aos olhos daqueles que nos estão próximos e nos observam" (Hume, 2013, p. 161) — existe uma tendência à constante revisão do caráter através da relação que estabelecemos com o olhar do outro sobre nós, o que se mostra de grande importância para a vida em sociedade. Essa dinâmica não precisa ser tão direta e reflexiva quanto uma avaliação consciente dos efeitos benéficos ou maléficos das próprias ações conforme o julgamento alheio; ela ocorre naturalmente através dos mecanismos passionais de nossa natureza (somando-se àqueles outros contágios irrefletidos promovidos pela simpatia). Ou seja, graças à percepção do caráter, a dinâmica passional a nível interpessoal dá um passo além da simples interação e além da simpatia, ingressando no mecanismo das paixões indiretas e da reputação, remetendo assim a elaborações em que as vantagens almejadas podem ser almejadas sem estarem imediatamente à vista — em outras palavras, para Hume, o homem percebe que possuir uma boa reputação, isto é, um bom caráter aos olhos públicos, é vantajoso, ainda que não saiba vantajoso para quê, porque lhe aparece como vantajoso em si mesmo, possibilidade de prazer. Reconhecer como se estabelece essa percepção no sistema de Hume é crucial para compreender o papel que o amor pela boa reputação exerce no jogo pessoal e social das paixões, desde as interações mais próximas até o estabelecimento da ordem pública.

7. SIMPATIA, CARÁTER E REPUTAÇÃO

"Este último princípio, da simpatia, é fraco demais para controlar nossas paixões; mas tem força suficiente para influenciar nosso gosto, e para nos dar os sentimentos de aprovação ou de condenação".

Hume, 2000, p. 540

A ideia de simpatia, assim como a preocupação com as paixões, é comum e recorrente na filosofia dos séculos XVII e XVIII, em especial nas obras dos chamados iluministas escoceses, e ganha ainda maior relevância e destaque nos trabalhos de Adam Smith e David Hume. Eles atribuem à simpatia um papel preponderante na comunicação de sentimentos entre os homens e na constituição dos valores morais. Na filosofia de Hume, a simpatia cumpre um papel importante em conectar as paixões, num primeiro momento experimentadas no âmbito particular, com uma escala interpessoal. Isto é, com o mecanismo da simpatia (ao qual posteriormente se agrega o das paixões indiretas, dependentes em grande parte do juízo alheio), a natureza das paixões passa a ser pensada em escala populacional, social, e não apenas individual.

James Harris (2015) nos mostra que uma imagem central para a discussão acerca da simpatia está em uma passagem do poeta latino Lucrécio, na qual se descreve a alegria que alguém pode sentir ao observar, da praia, um navio naufragando — alegria pelo fato de não estar naquele navio. A questão era saber por meio de qual mecanismo natural somos levados a ter uma postura emocional diante da emoção alheia. Hobbes valeu-se dessa imagem do naufrágio para dar à simpatia um fundamento egoísta, acreditando que mesmo que um sentimento de piedade viesse se somar a tal alegria ou sobrepor-se a ela, seria pela mera antecipação de uma calamidade que se acometeria sobre nós, decorrentemente da desgraça do outro. Mandeville abordou a questão em sentido semelhante, isto é, egoísta, assumindo que toda forma de simpatia seria, em última instância, resultado de uma espécie de reflexão baseada na projeção da situação do outro sobre nós mesmos. Já outros, como Malebranche, por exemplo, não tomaram a via egoísta: o pensador francês acreditava em uma espécie de "compaixão em espíritos", pois, para ele, não seria através de qualquer reflexão sobre viver a situação do outro, imaginar-se em seu lugar ou antever os nossos próprios prejuízos que viríamos a experimentar alguma coisa a partir da experiência alheia, mas sim por uma espécie de *contágio* que nos levaria, por exemplo, a sentir um tremor nas pernas ao olhar cuidadosamente para uma ferida na perna de alguém. Para Hutcheson, por sua vez, a simpatia era uma espécie de senso público, uma tendência natural a se contentar com a felicidade dos outros e a se incomodar com sua dor. A posição de Hume acerca da questão, na qual vamos nos aprofundar aqui, é bastante influenciada por Hutcheson (como veremos mais adiante) e já foi tomada mesmo como um empréstimo da descrição de Malebranche (Harris, 2015).

Quando dizemos que a simpatia é um princípio da natureza humana, queremos dizer que, ao seguir montando seu sistema da natureza humana, Hume sente a necessidade de incluir certos mecanismos, certos órgãos no modelo anatômico, que permitam que ele se complexifique e funcione para descrever as experiências humanas. Um desses mecanismos é o da simpatia. Ela não é um sentimento ou uma paixão, tal como pensaríamos na palavra hoje em dia, mas, em seu sistema, é um "poderoso" (*remarkable*) *dispositivo* ou *mecanismo psicológico* (Hume sempre usa as palavras "princípio" ou "qualidade" da natureza humana para nomear essa capacidade). Precisamente, a simpatia aparece aí como um princípio da natureza humana que nos permite experimentar e aderir às opiniões, ao prazer, à dor e às emoções dos outros, em suma, à possibilidade de experimentarmos uma emoção simplesmente por estarmos diante de alguém que a está experimentando.

No Livro 2, Parte 1, Seção 11 do *Tratado*, o filósofo oferece uma explicação um pouco mais pormenorizada do termo, procurando conceituá-lo por meio de algumas máximas: "[...] nossa propensão a simpatizar com os outros e a receber por comunicação suas inclinações e sentimentos, por mais diferentes ou até contrários aos nossos" (Hume, 2000, p. 351); ou: "Quando um afeto se transmite por simpatia, nós a princípio o conhecemos apenas por seus efeitos e pelos signos externos, presentes na expressão do rosto ou nas palavras, e que dele nos fornecem uma ideia" (Hume, 2000, p. 352). Essa última passagem é a que autoriza alguns comentadores de Hume a dizerem que a simpatia é, para o filósofo, uma espécie de contágio de opiniões e sentimentos que se dá entre grupos de homens. Um desses comentadores afirma: "Para Hume, a simpatia é basicamente o que se poderia chamar mimetização, na qual um observador copia as emoções de uma outra pessoa" (Khalil, 2015, p. 654). Trata-se de um mecanismo de contágio. Na mesma seção, Hume oferece ainda uma explicação mais técnica do fenômeno, relacionando sua natureza e sua causa ao processo de conhecimento do mundo. E, se nas passagens acima, a explicação de Hume para a noção de simpatia se aproxima de uma metáfora médica, em outra passagem, em que o filósofo continua em busca de uma definição mais precisa, a metáfora se aproxima mais da mecânica:

> Podemos começar considerando novamente a natureza e a força da simpatia. As mentes de todos os homens são similares em seus sentimentos e operações; ninguém pode ser movido por um afeto que não possa ocorrer também nas outras pessoas, seja em que grau for. Como cordas afinadas no mesmo tom, em que o movimento de uma se comunica às outras, todos os afetos passam prontamente de uma pessoa a outra, produzindo movimentos correspondentes em todas as criaturas humanas (Hume, 2000, p. 615).

Em dado momento do *Tratado da Natureza Humana*, Hume se vale da mesma imagem de Lucrécio de que falamos acima, do naufrágio observado da praia. Ele a usa para diferenciar a simpatia daquilo que chama simplesmente de comparação.

> Suponhamos que eu esteja agora seguro em terra firme, e queira extrair algum prazer dessa consideração; para isso, devo pensar na infeliz

condição daqueles que se encontram em meio a uma tempestade em alto-mar, esforçando-me para tornar essa ideia tão forte e viva quanto possível, para melhor sentir minha própria felicidade. Contudo, por mais que me esforce, a comparação nunca terá a mesma eficácia que teria se eu estivesse realmente na beira da praia, e visse ao longe um navio sendo jogado de um lado para o outro pela tempestade, correndo um perigo constante de se chocar contra um rochedo ou um banco de areia. Mas suponhamos que essa ideia se torne ainda mais viva. Suponhamos que o navio seja trazido para tão perto de mim que eu seja capaz de perceber distintamente o horror estampado nas faces dos marinheiros e passageiros, que ouça seus gritos de lamento, e veja os amigos mais queridos dando seu último adeus ou abraçando-se para morrer nos braços uns dos outros. Ninguém pode ter um coração tão selvagem a ponto de extrair o menor prazer de tal espetáculo, ou resistir aos impulsos da mais terna compaixão e simpatia. É evidente, portanto, que há um meio-termo neste caso; se a ideia for fraca demais, não terá nenhuma influência quando comparada à nossa situação; em contrapartida, se for demasiadamente forte, agirá sobre nós inteiramente por simpatia, que é contrária à comparação. A simpatia, sendo a conversão de uma ideia em uma impressão, requer mais força e vividez que a necessária para a comparação (Hume, 2000, p. 633-634).

A partir dessa passagem, percebe-se que a simpatia, para Hume, não passa por uma reflexão acerca da situação do outro ou sua comparação com a nossa — na verdade, ela é o contrário dessa comparação. Ou seja, ela é um mecanismo natural totalmente à parte de qualquer *reflexão* acerca de nossa situação em relação à situação alheia. Um pouco antes do trecho citado, ele já escrevera que:

Tão estreita e íntima é a correspondência entre as almas dos homens que, assim que uma pessoa se aproxima de mim, ela me transmite todas as suas opiniões, influenciando meu julgamento em maior ou menor grau. Embora, muitas vezes, minha simpatia por ela não chegue ao ponto de me fazer mudar inteiramente meus sentimentos e modo de pensar, raramente é tão fraca que não perturbe o tranquilo curso de meu pensamento, dando autoridade à opinião que me é recomendada por seu assentimento e aprovação. Pouco importa sobre que assunto ela e eu estamos pensando. Quer estejamos julgando acerca de uma pessoa completamente indiferente, quer de meu próprio caráter, minha simpatia dá a mesma força a sua decisão; e até seus sentimentos sobre seu próprio mérito fazem que eu a considere da mesma perspectiva que ela toma para considerar a si mesma (Hume, 2000, p. 632).

Nota-se, portanto, que a simpatia humiana é um princípio da natureza humana como um dispositivo ou mecanismo psicológico relativo a "nossa propensão a simpatizar com os outros e a receber por comunicação suas inclinações e sentimentos, por mais diferentes ou até contrários aos nossos" (Hume, 2000, p. 351). É por isso que comentadores a aproximam da concepção de Malebranche e a qualificam como uma espécie de *contágio* de opiniões e sentimentos.

Deve ser observado que a simpatia se caracteriza por ser um processo da imaginação, através do qual uma ideia se converte em uma impressão. Ora, se impressões e ideias são apenas graus distintos de intensidade da mesma percepção, compreende-se que a simpatia ocorre como um aumento da intensidade de uma ideia, de modo que uma pessoa pode vir a experimentar sentimentos (impressões e paixões) a partir dela. Esse movimento, no entanto, não é desordenado, estando, no caso da simpatia, relacionado a impressões e ideias específicas.

O que Hume apresenta, no Livro 2, Parte 1, Seção 11 do *Tratado*, acerca da simpatia, estabelece que esse princípio atua como uma tendência a sentirmos aquilo que percebemos outra pessoa sentindo, baseados principalmente em certa forma de identificação com esse outro. Por exemplo: ao vermos uma pessoa com dor, teríamos a tendência a sentirmos também seu desconforto, por transmissão simpática de sua sensação. Ou seja, a impressão de certa expressão facial (no caso, a expressão de dor) nos indicaria a ideia de uma pessoa com dor, o que, pela imaginação atuante através da simpatia, inspiraria em nós a impressão do desconforto da dor. Vejamos como Hume o justifica:

É evidente que a ideia, ou, antes, a impressão de nós mesmos, está sempre presente em nosso íntimo, e que nossa consciência nos proporciona uma concepção tão viva de nossa própria pessoa que é impossível imaginar algo que a supere quanto a esse aspecto. Qualquer objeto que esteja relacionado conosco, portanto, deve ser concebido com uma vividez de concepção semelhante, de acordo com os princípios anteriores; e, mesmo que essa relação não seja tão forte quanto a de causalidade, ainda assim ela deve ter uma influência considerável. A semelhança e a contiguidade não são relações desprezíveis, sobretudo quando, por uma inferência de causa e efeito e pela observação de signos externos, somos informados da existência real do objeto semelhante ou contíguo. Ora, é óbvio que a natureza preservou uma grande semelhança entre todas as criaturas humanas, e qualquer paixão ou princípio que observemos nas outras pessoas podem encontrar, em algum grau, um paralelo em nós mesmos. O que se passa com a trama da mente é o mesmo que ocorre com o corpo. Embora as partes possam diferir em sua forma ou tamanho, sua estrutura e composição são em geral as mesmas. Uma notável semelhança mantém-se em meio a toda sua diversidade; e essa semelhança deve contribuir muito para nos fazer penetrar nos sentimentos alheios, abraçando-os com facilidade e prazer. Assim, segundo constatamos, sempre que, além da semelhança geral de nossas naturezas, existe alguma similaridade peculiar em nossas maneiras, caráter, país ou linguagem, isso facilita a simpatia. Quanto mais forte for a relação entre nós e um objeto, mais facilmente a imaginação realizará a transição e transmitirá à ideia relacionada a vividez daquela concepção com que formamos a ideia de nossa própria pessoa (Hume, 2000, p. 352-353).

Essa explicação possui nuances delicadas que precisam ser elucidadas. Hume afirma que o mecanismo da simpatia atua através da semelhança e da contiguidade, mas, na passagem citada, atenção especial é dedicada à questão da semelhança: é por uma percepção natural das semelhanças que existem entre todas as pessoas, apenas por serem da mesma espécie, que se torna plausível que haja um reflexo entre nossas percepções de nós mesmos e dos outros, de modo que a ideia de outra pessoa experimentando certo sentimento pode se refletir na minha ideia de mim experimentando esse mesmo sentimento — ideia essa que se transforma em impressão pela força da imaginação simpática. No entanto, é preciso considerar que, apesar de Hume justificar o mecanismo da simpatia através dessa semelhança, ela não pode se confundir com mecanismos mais complexos, como aqueles relativos ao caráter ou a ideias mais elaboradas -acerca do eu e do outro (ou seja, não pode se confundir com um outro "nível" da questão, relativo aos raciocínios morais). É preciso, portanto, diferenciar a simpatia da empatia, por exemplo, porque a simpatia não é como se imaginar no lugar do outro e então sentir algo por vê-lo naquela situação — como observamos anteriormente, para Hume ela não se confunde com nenhuma reflexão que passe por comparações entre si e o outro. Ao contrário do que acontecia com a simpatia (palavra de raiz grega que significa *sentir junto*), os filósofos não tinham a empatia como um conceito filosófico. Havia interpretações diferentes acerca da simpatia; o uso que Adam Smith faz desse termo, por exemplo, é muito mais próximo do que chamaríamos hoje de empatia, pois opera como um imaginar-se no lugar do outro, um ser compreensivo com sua experiência pessoal. Mas as metáforas que Hume emprega em diversas partes de sua obra associando a simpatia a um contágio ou a cordas transmitindo sua vibração a outras cordas levam a compreender que (apesar da enviesada explicação dada no Livro 2 do *Tratado*, parte i, seção ii, que citamos acima) seu mecanismo é direto, irreflexivo — a imaginação aí não atua senão simplesmente reforçando uma ideia a ponto de ela provocar uma impressão, sem que isso passe por raciocínios mais desenvolvidos que relacionassem uma ideia da própria individualidade à ideia da individualidade alheia. A simpatia é um conceito filosófico específico, principalmente com Hume, que lhe atribui uma forma para a qual não há sinônimo na linguagem corrente.

Além disso, como Hume deixa claro nessa mesma seção ii, esse espelhamento simpático de sentimentos atua de maneira distinta entre as paixões diretas e as indiretas. A imagem de alguém sofrendo o desprazer da dor (digamos, uma paixão direta) pode causar em nós uma impressão desse desprazer, mas a imagem de alguém sentindo orgulho não provoca em nós o sentimento de orgulho, mas o de apreço, admiração ou mesmo amor. Ou seja, a transmissão simpática do sentimento não é uma transmissão de toda a estrutura do sentimento — pois o objeto das paixões permanece o mesmo: a estima de alguém por si mesmo provoca em nós a estima por essa pessoa, não por nós mesmos. Do mesmo modo, a estima de alguém por nós provoca em nós, por simpatia, orgulho, e não estima pelo outro.

E mais: não podemos nos esquecer de como o mecanismo da simpatia se difere de outro mecanismo, mas, inescapavelmente, pode vir a se encontrar com ele, o da *comparação*, porque é preciso reconhecer que a percepção de alguém em relação à dor, por exemplo, nem sempre causa em nós uma impressão semelhante a seu desgosto, mas pode desembocar no sentimento de malícia (*malice*), por exemplo. Assim como alguém orgulhoso pode, ao invés de despertar estima, despertar inveja ou mesmo ódio. Segundo Hume:

> Em qualquer tipo de comparação, o primeiro objeto sempre faz que obtenhamos do segundo, com que é comparado, uma sensação contrária à que surge quando ele próprio é considerado direta e imediatamente. A consideração direta do prazer de outrem naturalmente nos dá prazer, e, consequentemente produz dor quando esse prazer é comparado com o nosso. A dor alheia, considerada em si mesma, é dolorosa para nós; mas aumenta a ideia de nossa própria felicidade, dando-nos prazer (Hume, 2006, p. 633).

Ou seja, se Hume reconhece um princípio de simpatia na natureza humana, isso não significa que exista uma *completa e irrefreável* aliança emocional entre as pessoas — esse mecanismo precisa ser reconhecido em nuances complexas, no jogo com outras elaborações, para dar conta das transmissões irregulares que ele promove.

É por isso que Martin (2006) prefere descrever esse mecanismo humiano considerando que a simpatia provoca uma impressão inicial que somente se desenvolverá em uma paixão (uma impressão secundária ou reflexiva) se passar por ideias que a levem a tanto. Essas ideias, que atuarão conforme for da natureza da pessoa (suas tendências pessoais adquiridas por costume), orientarão os resultados da simpatia, fazendo com que a paixão que a pessoa experimente diante da paixão da outra seja de fato semelhante (como sentir desgosto diante do desgosto), complementar (como sentir orgulho diante da estima) ou mesmo contrária (como sentir raiva diante do orgulho).

Hume explica essa influência de outras ideias nos resultados do mecanismo simpático por meio de outras relações de ideias que acompanham tal mecanismo:

> A semelhança não é a única relação que tem esse efeito; ao contrário, ela é reforçada por outras relações que podem acompanhá-la. Os sentimentos das outras pessoas têm pouca influência quando elas estão muito afastadas de nós, pois a relação de contiguidade é necessária para que eles se comuniquem integralmente. As relações de consanguinidade, sendo uma espécie de causalidade, podem às vezes contribuir para o mesmo efeito, como também a convivência, que opera do mesmo modo que a educação e o costume, como veremos melhor posteriormente. Todas essas relações, quando unidas, levam a impressão ou consciência de nossa própria pessoa à ideia dos sentimentos ou paixões das outras pessoas, fazendo com que os concebamos da maneira mais forte e vívida (Hume, 2000, p. 353).

O contágio sentimental da simpatia depende, portanto, de outros fatores que não a simples pertença mútua à espécie humana. A semelhança de espécie entra em relação com outras medidas, tais como a semelhança de família, de nação, de ofício, ou quaisquer outras semelhanças ou dessemelhanças que a educação e o costume ensinem a considerar na relação com alguém, além da contiguidade das ideias (é mais fácil ser contagiado por uma dor que observamos de perto do que por um relato indireto de uma dor). Essas relações todas vão reforçar ou dirimir o contágio simpático das emoções. Em outras palavras: ainda que a simpatia seja um contágio mais fundamental do que qualquer reflexão acerca de nossas comparações com o outro, tais comparações podem vir a influenciar os efeitos da simpatia (sendo que, de qualquer forma, essa possibilidade não deve nos impedir de notar que tal influência não anula o reconhecimento da simpatia como um mecanismo à parte de qualquer reflexão comparativa).

Agora, é preciso observar que, tudo isso sendo basal para a teoria moral de Hume, não é por acaso que a apresentação mais completa que ele faz desse princípio da simpatia está no capítulo dedicado ao amor pela boa reputação. Hume usa a simpatia para explicar por que é que as opiniões dos outros acerca de nós nos afetam, assim como por que é que nós fazemos diferença entre opiniões, sendo mais afetados quando somos elogiados ou depreciados por alguém com quem nos identificamos do que por alguém a quem somos mais indiferentes. Para ele, o elogio (ou a depreciação) nos afeta porque a percepção de alguém dedicando a nós a sua estima (ou depreciação) inspira em nós, por simpatia, o mesmo afeto direcionado à nossa própria pessoa. E assim como a simpatia opera sob a influência de outras ideias, tais como a semelhança de nação, ofício ou quaisquer outras que aprendamos a considerar, as opiniões daqueles mais semelhantes a nós nos afetam mais do que as opiniões de pessoas mais diferentes de nós.

O que é fundamental compreender acerca desse mecanismo da simpatia é como ele é tomado, por Hume, como um princípio natural que independe de nossas capacidades reflexivas acerca do caso. Seria possível, por exemplo, exercer o seguinte raciocínio: este homem sábio e de grande inteligência, que eu admiro, acaba de elogiar a minha inteligência; fosse ele um tolo qualquer, isso não significaria nada; mas sua opinião sobre isso é bastante válida, pois ele sabe do que fala; logo, posso sentir orgulho. Esse é um raciocínio plausível e condizente com aquilo que o princípio de simpatia promove, mas ele opera em um nível distinto daquele ocupado pela simpatia. No sistema de Hume, a simpatia atua sem qualquer apelo a um raciocínio assim explícito e elaborado. É naturalmente, sem reflexão, que uma semelhança de ideias nos faz propenso a simpatizar com alguém, e igualmente sem reflexão que sua estima, por consequência, inspira orgulho em nós por simples transmissão do prazer relacionado à nossa pessoa. É claro que raciocínios como o explicitado podem acontecer e reforçar nossa consciência de sermos estimados por uma opinião de valor, mas é antes mesmo disso que a simpatia atua, estando na base de um movimento passional — ou seja, um movimento que enraíza as opiniões alheias em uma dinâmica passional conosco, e não em uma dinâmica racional.

É através da simpatia, portanto, que Hume identifica o amor pela boa reputação como uma paixão que, em última instância, está de acordo com o princípio mais básico pelo qual buscamos prazer e evitamos a dor — *nós desejamos a boa opinião alheia, que resultaria de nossa capacidade de provocar prazer nos outros, porque ela é percebida em nós como um prazer nosso*. Ao mesmo tempo, essa dinâmica não está isenta de influências relativas a outras ideias, como aquelas que por educação e costume nos fazem mais semelhantes a uns do que a outros.

$$***$$

Em toda sua obra, o momento em que Hume mais se estende na exploração do princípio de simpatia é justamente na seção intitulada "Do amor pela boa reputação" (*Of the love of fame*). Isso acusa a proximidade dos temas da simpatia e da reputação. Entretanto, apesar de ser nesse momento que encontramos a afirmação de que "Nossa reputação, nosso caráter, nosso bom nome são considerações de grande peso e importância; e mesmo as outras causas de orgulho — a virtude, a beleza e a riqueza — têm pouca influência quando não amparadas pelas opiniões e sentimentos alheios" (Hume, 2000, p. 351), o tema dessa proximidade entre simpatia e reputação não é plenamente desenvolvido no capítulo. Hume não mostra, por exemplo, qual a relação dessa proximidade com as limitações do sistema das paixões indiretas (embora tenha anunciado, na terceira limitação, que retornaria ao tema — o que acontece precisamente nesse momento). E ele não é muito objetivo em relacionar as dinâmicas da simpatia e da avaliação do caráter, dois lados de uma mesma moeda que vão retornar assim, unidos porém distinguíveis, em sua teoria da justiça, exposta no Livro 3 do *Tratado*. Preenchamos então, com Hume, essas lacunas que ele deixou — procurarei mostrar como se pode amarrar a teoria das paixões à teoria da reputação, desdobrando do texto humiano as conexões que ele não explicitou.

Limitações do sistema das paixões indiretas

Retomemos, em primeiro lugar, a terceira limitação do sistema das paixões indiretas. Reproduzo abaixo o parágrafo que Hume lhe dedica:

> A terceira limitação é que o objeto prazeroso ou doloroso deve ser facilmente discernível e evidente, e isso não apenas para nós, mas também para os outros. Essa circunstância, como as duas anteriores, exerce uma influência tanto sobre a alegria como sobre o orgulho. Imaginamo-nos mais felizes, além de mais virtuosos ou belos, quando parecemos assim para os outros; porém, gostamos mais ainda de ostentar nossas virtudes que nossos prazeres. Isso se deve a causas que tentarei explicar posteriormente (Hume, 2000, p. 327).

Aí está o anúncio de que voltaria ao tema — o qual, embora ele não o diga explicitamente, podemos considerar que diz respeito à seção dedicada ao amor pela boa reputação. Pois é o mecanismo da simpatia que explica a influência a que Hume alude nessa passagem. O ponto é que a dupla relação de impressões e ideias se reforça quando se reflete na opinião alheia. A simpatia remete à força da imaginação para transformar uma ideia em uma impressão — assim, a ideia da admiração do outro por nós serve de causa para que sintamos a impressão passional do orgulho. Essa transmissão simpática é totalmente condizente com o sistema das paixões indiretas: a admiração alheia por nós é um objeto agradável, que está estreitamente relacionado conosco. Basta, então, que a dupla associação de impressões e ideias se reforce ao ponto de passar da alegria para o orgulho, para que possamos considerar essa admiração a causa dessa paixão indireta. Só que, pelo fenômeno da simpatia, essa dupla associação se reforça ainda mais, uma vez que, por sua influência, a ideia do prazer do outro (prazer de sua estima por nós) torna-se, em nós, a impressão do prazer. A simpatia soma uma força a mais na dupla relação de impressões e ideias, para além das que se somam graças às limitações do sistema, contribuindo para transformar a admiração alheia em sujeito prazeroso dessa paixão — o orgulho — que nos tem como objeto.

Agora, consideremos a quarta limitação do sistema das paixões indiretas. Coloquemo-la ao lado do que sabemos sobre o caráter — que ele é uma espécie de "identidade mínima" do indivíduo em suas interações sociais, sua persona pública, conforme corresponde à imagem de um padrão de comportamento que alicerça as expectativas plausíveis acerca de suas ações e reações. De acordo com Hume:

> A quarta limitação resulta da inconstância da causa dessas paixões e da curta duração de sua conexão conosco. Aquilo que é casual e inconstante nos dá pouca alegria, e menos orgulho. Não ficamos muito satisfeitos com a própria coisa; e menos ainda tendemos a sentir novos graus de autossatisfação por sua causa. Prevemos e antecipamos sua mudança por meio de nossa imaginação, o que nos torna pouco satisfeitos com ela. Comparamo-la conosco, com nossa existência mais duradoura, e isso faz sua inconstância parecer ainda maior. Parece ridículo inferir uma excelência em nós com base em um objeto que tem uma duração tão mais curta e nos acompanha durante uma parte tão breve de nossa existência. É fácil compreender por que essa causa não age com a mesma força na alegria que no orgulho: é que a ideia do eu não é tão essencial à primeira quanto a esta última paixão (Hume, 2000, p. 327).

Nota-se que a constância de algo em sua relação conosco, principalmente em comparação com a duração de nossa vida, é um fator fundamental para que esse algo possa servir de causa para o orgulho ou a humildade. Pois bem, o caráter praticamente se define por ser *a* constância de nossas tendências e comportamentos, e prende-se a toda a duração de nossa vida como nossa "identidade mínima" nos juízos alheios em geral.

Isso vem a se combinar, ainda, com a segunda limitação do sistema, acerca da qual se lê no *Tratado*: "A segunda limitação é que o objeto agradável ou desagradável seja não apenas estreitamente relacionado, mas também peculiar a nós, ou ao menos comum a nós e a algumas poucas pessoas" (Hume, 2000, p. 326). É difícil imaginar algo mais estreitamente relacionado *e* peculiar a nós do que a nossa identidade mínima, nosso caráter. O que nos leva, ainda, de volta à primeira limitação do sistema, que afirma que "é preciso haver não apenas uma relação [conosco], mas uma relação estreita" (Hume, 2000, p. 325) para que algo desperte em nós mais do que a alegria e leve ao orgulho (ou mais do que a tristeza e leve à humildade) —, e o caráter é uma imagem tão estreita de nossa personalidade que nos conduziu a chamá-lo de "identidade mínima".

Por cumprir então com tanta veemência quatro das cinco limitações do sistema do orgulho e da humildade, deve-se reconhecer como o caráter é uma das mais contundentes causas de orgulho ou humildade, e, consequentemente, a reputação é um dos mais potentes modos de reforço da dupla relação de impressões e ideias a levar a esses dois sentimentos.

O reconhecimento de que é assim se tornará ainda mais forte ao levarmos em conta, por último, a quinta limitação do sistema do orgulho e da humildade e vermos como ela também se articula com essa questão. Ela afirma que:

> As paixões frequentemente variam por causa de princípios insignificantes; e estes nem sempre atuam com uma regularidade perfeita, sobretudo na primeira tentativa. Mas o costume e a prática tornam claros todos esses princípios, determinando o valor correto de cada coisa, o que certamente contribui para a fácil produção dessas paixões, e para nos guiar, mediante máximas gerais estabelecidas, acerca das proporções que devemos guardar ao preferir um objeto a outro (Hume, 2000, p. 328).

Em outras palavras, essa limitação afirma que nós não possuímos natural e originalmente um modo de reconhecer o valor das coisas, de modo que elas não poderiam nos inspirar paixões indiretas, pois a dupla associação de impressões e ideias não operaria com uma regularidade capaz de reforçar as paixões ao ponto de alcançar o orgulho ou a humildade. É somente através do hábito e do costume que tais associações ganham regularidade suficiente para que esse valor seja reconhecido e, consequentemente, compartilhado. Isso pode ser depreendido também de outras noções da filosofia humiana, como o fato de que a causalidade (que se estabelece pelo hábito e pelo costume) é um dos três modos de associação de ideias, ou o fato de que a simpatia, como transformação de ideias em impressões, pode levar uma associação de ideias a ser refletida como uma associação de impressões — quero dizer: embora as impressões se associem via semelhança, o costume, através da simpatia, pode influenciar mesmo as associações das paixões, de modo que tais associações sejam mais comumente despertadas por determinadas ideias.

Essa noção se torna ainda mais clara na Parte 3 do Livro 2 do *Tratado*, na seção intitulada *Dos efeitos do costume*. Ali, Hume escreve que:

> Nada é mais propício a aumentar e a diminuir nossas paixões, a converter prazer em dor e dor em prazer que o costume e a repetição. O costume tem dois efeitos *originais* sobre a mente: confere a ela uma *facilidade* para realizar uma ação ou para conceber um objeto; e, posteriormente, uma *tendência ou inclinação* a fazê-lo. Com base nesses dois efeitos, podemos explicar todos os outros, por mais extraordinários que sejam (Hume, 2000, p. 458, destaques do original).

Ainda que, ao falar da quinta limitação do sistema das paixões indiretas, Hume dê maior destaque para a ideia de que considerar um objeto agradável ou desagradável seja uma *descoberta* de como as coisas são, e não uma adaptação aos costumes gerais, quando vamos analisar os efeitos do costume mais atentamente vemos que, para o filósofo, ele é capaz mesmo de transformar o prazer em dor e a dor em prazer. Tal noção não pode senão reforçar a compreensão de que, no sistema humiano, o costume atua tão profundamente a ponto de participar da conformação de nossas tendências passionais e, consequentemente, da propensão e facilidade que alguns objetos têm de adquirir valor para nós, de modo, por exemplo, a provocarem paixões indiretas como o orgulho ou a humildade.

Observe-se, ainda, um detalhe dessa mesma seção dedicada aos efeitos do costume. Hume conclui que existe uma diferença desses efeitos sobre os hábitos ativos e passivos. Ele escreve:

> O costume não cria apenas uma facilidade para realizar uma ação, como também uma inclinação e tendência a realizá-la, quando essa ação não é inteiramente desagradável e não é incapaz de se tornar objeto de inclinação. Essa é a razão por que o costume aumenta todos os hábitos *ativos,* mas diminui os *passivos,* como observou recentemente um eminente filósofo. A facilidade retira parte da força dos hábitos passivos ao tornar o movimento dos espíritos animais fraco e lânguido. Mas como, nos hábitos ativos, os espíritos se mantêm suficientemente a si mesmos, a tendência da mente lhes dá uma nova força, inclinando-os mais fortemente à ação (Hume, 2000, p. 459-460).

Isso significa que, no que diz respeito à força com que somos afetados pelos objetos, o costume tende a enfraquecer as paixões (algo semelhante a, por exemplo: se nos acostumamos a ver sangue, vê-lo já não assusta ou enjoa), mas, no que diz respeito ao modo como as paixões nos levam a certas ações, o costume fortalece nossas tendências. Não deve passar despercebido o uso dos termos "inclinação" e "tendência" na passagem citada: dois termos que remetem à noção de caráter, compreendida como nossas tendências e inclinações pessoais, identificáveis através do nosso padrão de ações. Note-se, então, o embricamento entre costume, padrão, tendência e inclinação conectando as dinâmicas passionais à forma do caráter: o costume fortalece certas tendências à ação, essas tendências são percebidas sob a forma do caráter. Em outras palavras, o costume se encrava nas nossas tendências passionais e assim elas tendem a conformar um padrão que aparecerá como nosso caráter. Mais uma vez, portanto, o caráter e a dinâmica interpessoal no qual ele se constitui aparece como um fator privilegiado no sistema das paixões no que diz respeito às paixões indiretas do orgulho e da humildade. A quinta limitação do sistema, que versa sobre a necessidade de um reforço do costume para que objetos possam se constituir como causa de paixões indiretas, encontra-se com a noção de que o costume possui eminente papel de reforço, através das paixões, no que diz respeito aos hábitos ativos, ou seja, nossas ações. Dito de outro modo, o caráter, como tendência geral de nosso padrão comportamental, na medida em que se constitui no costume de nossas ações, reforça também nossa relação passional com aquilo que causa orgulho ou humildade. O resultado dessa relação é uma conexão muito profunda entre essas duas paixões e a noção de caráter: ativamente, o nosso caráter se constitui buscando aquilo que nos proporciona prazer em relação a quem nós somos. A referência a máximas e regras gerais já vem sugerir de que modo essas dinâmicas poderão dar origem a princípios morais.

O duplo reforço no compartilhamento das paixões

Em dado momento, o homem percebe que possuir uma boa reputação, isto é, um bom caráter aos olhos públicos, é vantajoso. Essa percepção pode ser pensada em dois níveis, um referente à simpatia e outro referente a "certo raciocínio". No que diz respeito à simpatia, acontece de o prazer do outro ser também um prazer nosso, pelo que se pode entender que causar prazer nos dá prazer — isto é, se reconhecidamente fazemos algo bom aos outros, causando-lhes prazer, esse prazer pode nos ser transmitido por simpatia. Acerca do raciocínio, é claro que existe a possibilidade de simplesmente possuir, como um conhecimento de mundo, a informação de que uma boa reputação pode nos garantir vantagens na vida social; mas o que merece mais atenção aqui é um nível de raciocínio que atua junto à noção de caráter e às dinâmicas passionais do amor pela fama — um "raciocínio", portanto, que não precisa ser conscientemente pensado para operar como mecanismo de nossa natureza. A simpatia não se confunde com esse raciocínio pelo qual reconhecemos que a boa reputação pode ser vantajosa. Uma coisa é o mecanismo simpático que nos leva a ter o prazer de alguém semelhante como fonte de prazer, outra coisa é o interesse que temos na apreciação alheia. A noção de caráter está relacionada à apreciação alheia, movimento que se soma ao da simpatia, mas que diz respeito ao "raciocínio" do sistema.

Para diferenciar esses dois "níveis", basta chamar a atenção para a distância que existe entre nosso *eu* e nosso caráter. Sabemos que a explicação de Hume acerca da simpatia depende de uma ideia de *eu*. Ele diz, quando vai explicar a simpatia: "É evidente que a ideia, ou, antes, a impressão de nós mesmos, está sempre presente em nosso íntimo, e que nossa consciência nos proporciona uma concepção tão viva de nossa própria pessoa que é impossível imaginar algo que a supere quanto a esse aspecto" (Hume, 2000, p. 352). Esse *eu*, no entanto, não pode se confundir com aquilo que chamamos de *identidade mínima*, por mais próximo que esteja dela, porque o que chamamos de identidade mínima, ou *caráter*, aponta para as tendências de nosso comportamento pessoal, identificáveis através de um padrão. E nossa ideia de nós mesmos pode não conformar essa imagem de um padrão, mas ser apenas, como Hume expressa a respeito do *self* no primeiro livro do *Tratado*, "um feixe ou uma coleção de diferentes percepções, que se sucedem umas às outras com uma rapidez inconcebível, e estão em perpétuo fluxo e movimento" (Hume, 2000, p. 285). Para que o mecanismo da simpatia atue entre indivíduos, basta que partes desse feixe ou coleção sejam semelhantes a partes de outros feixes e coleções, inspirando, em uns, sentimentos semelhantes aos dos outros, não precisando passar pela concepção de caráter. Quando o caráter entra em cena, portanto, por mais que na base ainda encontremos o mecanismo da simpatia, entram em jogo também outras formas de interação, diferentes dessa.

As operações da simpatia e do caráter, no que diz respeito à reputação, são formas paralelas de reforço das paixões. Funciona assim: existe, no sistema humiano, formas específicas de prazer (o orgulho, o amor) e desprazer (a humildade, o ódio) que dependem do juízo alheio ("causa secundária") para serem experimentados. Essas formas de prazer e desprazer estão amplamente ligadas à constituição do nosso caráter, ou seja, do nosso padrão comportamental, por causa de sua íntima relação com as cinco limitações do sistema das paixões indiretas. Agora, consideremos este exemplo didático: a virtude e o vício são causas originais para paixões indiretas, submetidas (como todas elas) à causa secundária (o juízo alheio), de modo que ser virtuoso, isto é, ter a virtude associada a nós, não só causa prazer nos outros porque (segundo Hume) observar a virtude causa prazer, mas também porque observar a virtude associada a alguém causa uma paixão indireta (amor se for relacionada ao outro, orgulho de for relacionada a nós) — ou seja, sente-se "duplamente" o prazer, tanto o da contemplação da virtude, quanto o da paixão indireta. O duplo reforço é a marca de uma dupla relação de impressões e ideias forte, isto é, o fato de o reforço ser duplo é o que o encaixa nas limitações do sistema das paixões indiretas, delimitando nessa circularidade o funcionamento da reputação.

Agora, observe-se esta questão fundamental: pelo princípio básico de buscar o prazer e evitar a dor, as ações e comportamentos que geram prazer são reforçados, enquanto aqueles que geram dor tendem a ser evitados. E as ações e objetos que geram, digamos, "duplamente" prazer e dor, como esses associados às paixões indiretas, tendem então a ter um poder de reforço ou de esquiva ainda maior. O costume, como sabemos, tende a constituir um padrão comportamental, conforme as ações reforçadas tendem a se repetir, enquanto as evitadas tendem a desaparecer como possibilidade. O resultado direto de tudo isso é que as dinâmicas passionais da reputação, que se constroem via simpatia e caráter, têm enorme influência sobre a formação do nosso comportamento. O sistema de formação da persona se fecha na circularidade passional: sente-se em conjunto pela simpatia, sente-se em conjunto pelo caráter, os sentimentos orientam o comportamento, o caráter é a marca de seus reforços, os sentimentos indiretos reforçam mais intensamente — a personalidade se constrói na dinâmica interpessoal das paixões.

Duas dinâmicas de uma mesma paixão

Seria possível, neste ponto, diferenciar nossas considerações acerca do amor pela boa reputação por dois caminhos distintos: como paixão relativa ao prazer fundado na simpatia e como paixão que mobiliza os interesses (expectativas) que circulam entre os caráteres. Afinal, reconhecemos precisamente essa diferenciação entre simpatia e raciocínio que Hume identifica na nossa relação com a opinião dos outros. Mas essa distinção, de uma maneira muito peculiar, não é formal, senão didática — porque tudo isso se organiza como uma única paixão.

É possível considerar que a percepção dos caráteres como objetos, isto é, a formação dessas imagens de padrão comportamental, pertence à ordem das ideias que podem influenciar os efeitos da simpatia. Lembremos que nossa tendência a simpatizar com os outros depende de certas associações de semelhança e contiguidade, de modo que simpatizamos mais ou menos conforme nos consideramos mais ou menos semelhantes ou próximos ao outro. Se a percepção de um caráter e sua comparação com a imagem que temos de nós mesmos pode ser considerado um fator que vai reforçar ou enfraquecer a simpatia, então é o mecanismo da simpatia que está sempre em atuação quando se trata da paixão do amor pela fama. Ou seja, é, de certo modo, possível tomar a percepção de caráteres e outras ideias relativas a eles apenas como ideias influentes na nossa semelhança possível com outros, de modo que toda a dinâmica de interesse no caráter seja interpretada apenas como um sistema de reforço ou inibição do espelhamento simpático de emoções.

Não há, portanto, qualquer distinção no amor pela boa reputação entre sua dinâmica simpática e sua dinâmica social na ordem dos caráteres. É o mesmo amor pela fama que atua como paixão que nos liga aos sentimentos alheios, ainda que essa ligação seja mediada por outras concepções que a orientem, fazendo com que nos refiramos a ela ora como um espelhamento natural, ora como uma possibilidade interessada (baseada em expectativas) de socialização.

O fundamental é perceber que a teoria da simpatia e do amor pela boa reputação (passando pelo uso da concepção de caráter) faz o pensamento acerca da sociabilidade (e, consequentemente, da moral) retornar totalmente para a ordem das paixões, colocando mesmo os raciocínios acerca das vantagens e desvantagens, assim como as noções acerca do bem público e da ordem social, sob o princípio ativo dos sentimentos. E, destaque-se, desde sempre como ocorrências minimamente *coletivas* e necessariamente atuantes em toda forma de interpessoalidade.

Contra o egoísmo

Imagine-se o sistema de Hume reduzido apenas à noção de que buscamos aquilo que nos dá prazer e evitamos o que provoca dor. Ainda que esse sistema, com algum desenvolvimento, desse conta de explicar nosso comedimento em relação à satisfação de nossos apetites, ele ainda não explicaria como esse comedimento pode chegar a superar nossos apetites naturais, quero dizer, como as paixões se autorregulariam a ponto de tal busca não culminar, com enorme frequência, em um contundente egoísmo. Pois, em última medida, se o princípio de buscar prazer e evitar a dor não fosse, de algum modo, enraizado em uma forma de interpessoalidade, as relações sociais se veriam reduzidas a meros caminhos mais ou menos elaborados para a satisfação pessoal.

No entanto, considere-se agora o que acontece quando Hume formula as imbricações entre paixões indiretas e caráter tal como vimos aqui. O orgulho aparece como um prazer específico, resultante do fortalecimento das paixões associadas à alegria em sua relação com o *eu*. Na forma de ativação dessa paixão, o caráter aparece como um dos elementos mais eficazes para gerar esse prazer. Apenas com essa formulação, já é como se Hume tivesse substituído a noção de egoísmo pela noção de que sentimos um prazer específico resultante daquilo que se mostra associado a quem nós somos — fazendo com que a busca por prazer não seja, em si, egoísta, mas apenas possivelmente relacionada a nossa percepção de nosso *eu*. Ao mesmo tempo, a noção de que o costume é um fator fundamental para nosso conhecimento acerca do que é bom ou ruim (daquilo que gera prazer ou dor) é lançada além: ele o é principalmente para os hábitos ativos, ou seja, para nossas ações, mais do que para nossas percepções passivas. O costume, então, tem um papel essencial no reforço de tendências passionais (associações de impressões e ideias) no que diz respeito a nosso comportamento (entendido como nossas tendências a certas ações). Essas tendências comportamentais conformam, socialmente, nosso caráter, que vai ser apreciado ou depreciado conforme produzir prazer ou dor nos outros (e não se perca de vista que essa produção não aponta somente para noções como ajudar ou machucar alguém, mas para redes complexas de afetação, como estima, admiração, beleza ou feiura, influência, utilidade etc.). Sendo assim, compreende-se de forma sistêmica como emergem, da anatomia natural das paixões, nossas relações interpessoais em relação ao prazer e à dor. O que acontece é que nosso comportamento não adquire costume e aprende o que é bom ou ruim apenas com base naquilo que ele consegue com suas ações — por exemplo, aprendendo que ao agradar alguém nós podemos ser bem recompensados (movimento que, em última instância, aponta para o desejo egoísta de recompensa). Nosso comportamento depende, no sistema humiano, do fato de que ele também constitui um objeto submetido ao juízo (o caráter) e que é capaz de gerar prazer ou dor. E não apenas prazer ou dor em si mesmos, mas tipos específicos de prazer ou dor, quero dizer, paixões específicas que são boas ou ruins — no caso, orgulho, humildade, amor ou ódio.

A diferença pode parecer sutil, e ela é, de fato, digamos, fina, mas é de considerável importância. Embora o *eu* apareça aí como um objeto original, natural e fundamental para as paixões indiretas do orgulho e da humildade, ele não figura diretamente como objeto de apreço ou mesmo amor. Buscar prazer, como princípio natural, não se formula como um interesse meu por mim mesmo, ou seja, busca-se prazer, mas não por egoísmo, senão apenas por um princípio natural. O fato de que, em dinâmicas específicas, esse prazer vem a se relacionar com a forma do *eu* só aparece dando origem ao prazer do orgulho (ou à dor da humildade), mas esse *eu* que é objeto dessas paixões indiretas não está na posição de causa dessas paixões. Como foi visto, a causa dessas paixões é avivada por associações de impressões e ideias de acordo com dinâmicas específicas, intimamente relacionadas àquilo que viemos chamando de interpessoalidade — o juízo alheio acerca das coisas e acerca de nós mesmos. E (esse é o ponto crucial) mesmo esse "nós mesmos" que também é objeto do juízo alheio não aponta para aquele *eu* que servirá de objeto das paixões, mas sim para o nosso *caráter*, uma espécie singular de identidade pessoal que se compõe como a percepção do nosso padrão comportamental. Em última instância, portanto, podemos dizer que o princípio de busca por prazer, no sistema humiano, leva-nos a nos preocupar com o nosso caráter, pois ele é algo muito propenso a nos proporcionar o prazer do orgulho. E essa "preocupação" se justifica, nesse mesmo sistema, de forma natural e imanente: o costume habitua nosso comportamento de acordo com a experiência que temos do prazer e da dor, reforçando as associações prazerosas e evitando as dolorosas. Nosso caráter, então, forma-se a partir de nossas experiências por meio de um reforço habitual das associações de impressões e ideias, e as paixões do orgulho e da humildade participam desse reforço conforme tais associações são capazes de estimulá-las como formas de prazer ou dor.

Perceba-se, então, como a marcação dessa diferença entre o *eu* como objeto de paixões e o *caráter* como identidade mínima se opõe a qualquer teoria egoísta: se existe um *interesse*, no sistema humiano, a orientar nosso comportamento visando vantagens particulares, é um interesse em nosso próprio caráter como objeto capaz de nos dar prazer — não um interesse no próprio *eu* como objeto original e natural. Pode-se até dizer que é um interesse no prazer associado ao *eu*, mas, pela estrutura do sistema, deve-se reconhecer exatamente o que isso significa: um interesse no prazer, não um interesse no *eu*. Ou seja, não é o *eu* que justifica ou causa o interesse no prazer, mas o princípio de busca pelo prazer que, por vias específicas, acaba incidindo também sobre o *eu* — e assim se mantém, na base do sistema, não a figura do *eu*, mas o princípio (de início, anterior à percepção do *eu*) de busca pelo prazer. Quando esse interesse passa pelo juízo alheio, visando obter vantagens (em última instância, prazer) por meio da aprovação, o *eu* não figura como causa, apenas como objeto — o máximo que há de "euísmo" (egoísmo) aí está na forma do caráter, mas ele é uma identidade pessoal que se constitui no jogo do costume e da interação social, e não natural e originalmente (logo, os valores que orientam o caráter não remetem a um *eu* primordialmente importante, mas a valores compartilhados socialmente).

Essa articulação não-egoísta do sistema humiano também contribui para a subversão das condenações moralistas da *vaidade*. Pois a vaidade aparece aí não como uma exaltação do próprio eu, mas como uma espécie de alegria pelo nosso caráter como causa do prazer do orgulho. E, em última instância, se uma pessoa se envaidece de alguma coisa, ela o faz porque tem razões (constituídas no costume e na interpessoalidade) para tal. Além do mais, se o valor daquilo que lhe dá orgulho foi constituído nas dinâmicas passionais da sociedade, não há por que condenar a vaidade — o que faz mais sentido, para Hume, é apenas reconhecer que alguém pode se orgulhar de estar associado a algo de valor. Hume escreve:

> Algumas pessoas, talvez, acostumadas ao estilo das escolas e do púlpito, nunca consideraram a natureza humana por outra perspectiva que não a delas próprias, e por isso podem se surpreender por me ouvirem dizer que a virtude suscita o orgulho, coisa que veem como um vício; e que o vício produz a humildade, que aprenderam a considerar uma virtude. Mas, para não ficar discutindo acerca de palavras, noto que entendo por *orgulho* aquela impressão agradável que surge na mente quando a visão de nossa virtude, beleza, riqueza ou poder nos faz ficar satisfeitos com nós mesmos; e que, com humildade, refiro-me à impressão oposta. É evidente que a primeira impressão nem sempre é um vício, nem a última é sempre uma virtude. Mesmo a mais rígida moral permite que sintamos prazer ao refletir sobre uma ação generosa; e nenhuma considera que seja uma virtude sentir remorsos inúteis quando pensamos em ações vis e baixas que cometemos no passado (Hume, 2000, p. 332).

No sistema humiano, não há nada de moralmente condenável no orgulho e na vaidade, a não ser que elas acabem, por fatores específicos, mostrando-se inadequadas, como qualquer paixão o pode ser quando desordena as formas pelas quais o sistema se autorregula.

É interessante notar que o sistema de Hume não simplesmente se opõe aos estoicos e moralistas religiosos que condenam a vaidade e pregam a modéstia, mas, de certo modo, engloba-os em sua interpretação da natureza humana. Afinal, não será orgulho o que os acomete quando se mostram capazes de evitar a exaltação de suas próprias personalidades — ainda que seja a modéstia que se constituiu, entre eles, como causa para tal paixão?

8. O GOVERNO DAS PAIXÕES

No sistema filosófico de Hume, são as paixões que mobilizam o nosso comportamento e não há nenhum princípio de regulação de nossas paixões além de outras paixões. Consequentemente, nesse sistema, a formulação do caráter como objeto de valor na interação interpessoal demanda a existência de uma paixão que, por um lado, dirija-se a ele e, por outro lado, regule as outras paixões no que concerne a esse objeto. Em outras palavras, a anatomia da natureza humana desenhada por Hume estabelece uma ligação necessária e recíproca entre a existência do caráter como instância de interação humana e o amor pela boa reputação como paixão relativa a essa instância.

O amor pela boa reputação, no sistema de Hume, inscreve-se no conjunto das paixões violentas, as quais tendem a dificultar o predomínio das paixões calmas. Logo, ele pertence àquele grupo de paixões que podem ameaçar a constância do caráter, levando-o à transformação. Se, por um lado, isso poderia levar a pensar em tal paixão como um problema, um vício que ameaça a virtude, por outro lado — e este outro lado é muito mais forte em Hume — o amor pela boa reputação, ou o desejo de construir uma boa reputação, pode ser pensado como um princípio adaptativo, isto é, como uma paixão que regula o nosso caráter em relação às expectativas públicas. Ele é uma paixão que nos levará a transformar nossa identidade mínima de modo a satisfazer o julgamento público a nosso respeito, aliando, assim, nosso interesse ao interesse geral. E essa aliança do interesse particular com o interesse público é algo que já se inscreve no nível da moralidade — não é evidente que pode estar aí o fundamento da virtude?

O governo do amor pela boa reputação

O problema é que, como acontece com toda e qualquer paixão no sistema de Hume, o amor pela boa reputação também se converte em vício quando seu exercício toma o curso do excesso. Vemos isso ser considerado na obra do filósofo, por exemplo, em uma notória passagem da Seção XVIII da *Investigação sobre os princípios da moral*, intitulada *"Das qualidades imediatamente agradáveis aos outros"*. Nessa passagem, Hume volta a insistir na relação entre a paixão pela reputação e a integridade do caráter, mas dessa vez o seu maior interesse parece ser assinalar as razões pelas quais o desejo de fama é comumente condenado como uma falta ou uma imperfeição humana (lembremos aqui da posição dos estoicos), ou seja, como um vício. Vale a pena acompanhar a passagem em toda a sua extensão. "O desejo de obter fama, reputação e a consideração dos outros", começa Hume,

> Longe de ser algo merecedor de censura, parece inseparável da virtude, do talento, da capacidade e de nobreza de caráter. Uma atenção especial mesmo a assuntos de menor importância, a fim de agradar aos demais, é também esperada e exigida pela sociedade; e ninguém se surpreende ao descobrir que um homem exibe maior elegância em suas vestimentas e maior brilho em sua conversação quando se acha em reuniões sociais do que quando passa o tempo em sua casa com sua própria família. Em que consiste, então essa vaidade que com tanta justiça se considera uma falta ou imperfeição? Ela parece consistir principalmente em uma exibição tão destemperada de nossas vantagens, honras e realizações, em uma busca tão afoita e inconveniente de elogio e admiração, que se torna ofensiva às outras pessoas e invade os limites de suas vaidades e ambições secretas. Ela é, além disso, um sintoma infalível da ausência daquela genuína dignidade e elevação espiritual que constitui uma joia tão esplêndida em qualquer caráter. Pois qual seria a razão desse impaciente desejo de aplauso, como se não fôssemos realmente dignos dele e não pudéssemos razoavelmente esperar que nos fosse alguma vez concedido? Por que essa ansiedade em relatar que estivemos em

companhias ilustres e que recebemos referências elogiosas, como se estas não fossem coisas corriqueiras que todos poderiam imaginar sem que precisássemos contar-lhes? (Hume, 2013, p. 123-124).

"Exibição tão destemperada", "busca tão afoita e inconveniente de elogio e admiração", "impaciente desejo de aplauso" formam um conjunto de locuções que configuram o lado excessivo e perverso do amor pela boa reputação. O que depreendemos com certa facilidade da passagem é que existe a ameaça de, em excesso, o amor pela fama inverter o seu papel sociabilizante, convertendo-se em uma paixão de grande potencial desagregador, uma espécie de estopim da guerra, se não de todos contra todos, ao menos de todos contra todos que estejam circunscritos no contexto do espaço contíguo de um determinado indivíduo que exibe aquele conjunto de "sintomas". Como impedir, isto é, como controlar ou governar essa paixão, de modo que ela não se transmute nesses comportamentos marcados pela deformidade moral e estética que podem sabotar nossa boa ambição?

O amor pela boa reputação pode ser governado de dois modos. O primeiro é bastante peculiar a ele, pois diz respeito ao próprio modo como ele se configura. Como sabemos, essa paixão se enraíza nas dinâmicas das paixões indiretas, que dependem de causas específicas para serem experimentadas. Essas causas podem ser identificadas por sua qualidade e sua relação com alguém, bem como pelas cinco limitações do sistema, as quais apontam para os modos como algo pode, de fato, colocar-se como causa de paixão indireta. As opiniões alheias aparecem, nesse sistema, como causa secundária, mas a englobar todas as outras, fundamentando essa possibilidade de algo causar uma paixão indireta — e era por isso que as opiniões alheias ingressavam com tanta veemência nas nossas dinâmicas passionais. Essas opiniões alheias podem ser tanto positivas quanto negativas e nossa orientação por elas concerne tanto a estímulos positivos quanto negativos, isto é: tanto a aprovação alheia nos leva ao prazer (ou ao orgulho, à vaidade ou ao amor, por exemplo) quanto a reprovação alheia nos leva à dor (ou à humildade, à vergonha ou ao ódio, por exemplo).

Ora, se é assim, um comportamento que se exalte demais na sua busca por aprovação alheia e, com isso, gere incômodo, será reprovado, e essa reprovação servirá para que essa mesma busca por aprovação modere o comportamento. Quero dizer: o amor pela boa reputação, no que concerne aos comportamentos que gera, acaba sendo regulado pelos próprios juízos alheios que o alimentam, conforme eles servem para colocar esses comportamentos sob o jogo das opiniões. É claro que é possível afirmar que, nesse caso, não é bem a paixão que é governada, mas tão somente os comportamentos que ela gera. Mas é fato igualmente que o governo desses comportamentos também serve como ativação de outras paixões que, ao menos temporariamente, podem tirar o amor pela boa reputação de cena. Por exemplo: alguém que é reprovado em sua vanglória poderá sentir vergonha, e a vergonha o fará interromper sua vanglória. Nesse caso, poderíamos até dizer que, em última instância, foi a preocupação com a reputação que o fez sentir vergonha, mas também é fato que a reprovação, naquele momento, serviu para levar o fluxo passional do indivíduo do desejo de fama diretamente à vergonha, uma paixão dolorosa — sendo que o reforço dessa associação entre um desejo muito exaltado de fama e a dor da vergonha pode, por costume, vir a compor o caráter do indivíduo, levando-o a evitar o exagero desse desejo, já que ele o leva sempre à dor. Desse modo, o amor pela boa reputação, que era muito forte nele, torna-se enfraquecido pela ação da vergonha, e poderemos entender que a vergonha atuou como governo para o amor pela boa reputação.

Podemos chamar essa série de efeitos controladores desencadeados pela opinião pública de uma forma de *governo pelas boas maneiras*. Porque podemos dizer, com Hume, para o bem ou para o mal, que "nossa reputação participa de todas as relações que protagonizamos", razão pela qual pode ser dita um "construto social" (Barros Filho; Peres Neto, 2019, p. 13). Assim, é uma conclusão natural que a própria sociedade seja o primeiro freio dos excessos da paixão pela boa fama. Não é por outro motivo que Hume, em seus textos, atribui tanta importância ao papel das boas maneiras tanto para a formação do caráter pessoal quanto para a manutenção da estabilidade social.

Agora voltemos à passagem citada da segunda *Investigação* e notemos como ela apresenta ainda algo a mais de importante acerca da regulação do desvio que o amor pela boa reputação pode causar. Segundo o raciocínio de Hume, por um lado a sociedade espera do indivíduo que ele se esmere em agradar aqueles com os quais convive por meio de cuidados especiais com trajes e maneiras, de modo que ambos sejam agradáveis e, por essa razão, apreciados, aprovados e aplaudidos; por outro lado, a sociedade parece reagir imediatamente ao perceber que o mesmo indivíduo se excedeu, passando do cuidado esperado ao exagero, que se manifesta, por exemplo, naquela ansiedade em relatar encontros com celebridades ou feitos de toda sorte até o nível do implausível, ou ainda em autorreferências elogiosas tentando conferir a tais excessos uma certa naturalidade. Esse é um comportamento desagradável, que ocasiona sentimentos incômodos e que, por isso, torna-se alvo fácil de reprovação. Assim, se por um lado nada é mais socialmente agradável e mais esperado pela sociedade do que um homem que demonstre em suas interações sociais uma certa vaidade, pautada pelo equilíbrio e pelo comedimento, por outro lado "Nada é mais desagradável", escreve Hume, "que um homem com uma imagem presunçosa de si mesmo, embora quase todo mundo tenha uma forte inclinação para este vício" (Hume, 2000, p. 637).

A questão, aqui, é por que incomoda naturalmente às pessoas que alguém exagere na própria exaltação. Hume constata, por exemplo, que "é certo que as boas maneiras e a decência exigem que evitemos sinais e expressões que tendam a revelar diretamente essa paixão [a vaidade e autossatisfação]", e segue:

> Todos temos uma prodigiosa parcialidade em favor de nós mesmos; e, se sempre déssemos vazão a esses nossos sentimentos, causaríamos a maior indignação aos outros, não somente pela presença imediata de um objeto de comparação tão desagradável, mas também pela contrariedade de nossos respectivos juízos. Assim, do mesmo modo que estabelecemos o *direito natural* para assegurar a propriedade dentro da sociedade e impedir o choque entre interesses pessoais, também estabelecemos as *regras da boa educação*, a fim de impedir o choque

entre os orgulhos dos homens e tornar seu relacionamento agradável e inofensivo (Hume, 2000, p. 637).

As duas razões que Hume apresenta para que a demonstração de excesso de vaidade seja incômoda são a presença imediata de um objeto de comparação desagradável e a contrariedade a nossos respectivos juízos. O problema da comparação é que ela é o contrário da simpatia — se alguém se nos apresenta com superioridade, em vez de simpatizarmos com o prazer de sua vaidade, sentimo-nos diminuídos por comparação. A contrariedade a respeito dos juízos pode ser considerada de duas maneiras. A primeira é que se nós não concordamos com a boa imagem que alguém demonstra ter de si mesmo, sentimo-nos incomodados diante desse juízo porque ele nos parece falso em relação a nossa avaliação do caso; sentimo-nos, portanto, em discordância com a situação de uma maneira desconfortável e reconhecemos no convencido a causa de nosso incômodo. A segunda maneira é que toda a dinâmica de valorização dos caráteres e méritos se funda no jogo interpessoal das paixões e opiniões, e se alguém toma para si o título de julgar acerca do próprio mérito ao invés de deixar a cargo do público que o faça, parece atentar contra a ordem pública, negando à opinião alheia a primazia que ela deve ter no que diz respeito às questões morais. É como se existisse o perigo natural, sempre à espreita, de uma tomada de poder "autocrática" — ameaça que precisa ser neutralizada pelo juízo público tomando em suas mãos o governo do adequado e do inadequado. É por isso, inclusive, que Hume faz essa analogia entre as boas maneiras (sob a forma da boa educação) e o direito natural: pois, em seu sistema, a justiça, que fundamenta o direito, baseia-se no primado da opinião alheia como constitutiva dos caráteres. Não à toa ele traz a justiça à cena quando escreve sobre a questão:

> Condenamos todas as expressões diretas dessa paixão [a vaidade]; e não abrimos exceções a essa regra, sequer em favor de pessoas de mérito e bom senso. Não permitimos, nem a elas nem a qualquer outra pessoa, que façam justiça a si mesmas abertamente, em palavras; e as que se

mostram recatadas e secretamente hesitantes quanto a fazer justiça a si próprias, mesmo em pensamento, estas são ainda mais aplaudidas (Hume, 2000, p. 637).

Essa passagem do *Tratado* pode ser tomada como uma confirmação de que o amor pela boa reputação é governado, peculiarmente, pela sua própria dinâmica enraizada na opinião alheia. De resto, para o indivíduo é sempre difícil confiar na avaliação que faz do próprio mérito e, consequentemente, temerário querer distinguir sozinho o vício da virtude e governar, autonomamente, seu próprio comportamento. A saída que pode encontrar é se deixar orientar pela opinião alheia, que novamente aparece, então, como fundamento para a virtude. É nessa orientação que se encontra um meio termo entre nossos juízos e o juízo social.

Observe-se que, segundo Hume, "Aquela impertinente e quase universal inclinação dos homens a se supervalorizar produziu em nós um tal *preconceito* contra a autoproclamação que tendemos a condená-la por uma *regra geral*, sempre que a encontramos" (Hume, 2000, p. 637, destaques do original). A regra geral de que fala Hume aqui parece ser a condenação sumária pela sociedade das "expressões diretas" da vaidade e do amor à boa reputação, sendo que também se incorpora à regra a tentativa de o indivíduo presunçoso fazer "justiça" a si próprio, nesse caso, não com as próprias mãos, mas com as próprias palavras e gestos. E não nos esqueçamos, também, que "as regras gerais têm grande influência sobre o orgulho e a humildade, bem como sobre todas as outras paixões" (Hume, 2000, p. 327), de acordo com a quinta limitação do sistema das paixões indiretas — pelo que essa condenação da autoproclamação aparece como fator de peso para as dinâmicas das paixões indiretas, dentre elas, claro, o amor pela fama.

Essas regras gerais que culminam em evitar sinais e expressões que tendam a revelar diretamente uma paixão, em impedir o choque entre o orgulho dos homens, em evitar fazer abertamente, e por meio de palavras, justiça a nós mesmos, em supervalorizar-nos, devem nos levar a conceber uma aproximação entre Hume, Cícero e Mandeville. O primeiro, devido a sua doutrina do decoro, e o segundo devido a sua assertiva de que o modo mais certeiro de governar as paixões é escondendo-as. É fácil notar essa aproximação entre Hume, Cícero e Mandeville na passagem com a qual o filósofo escocês conclui seu raciocínio acerca da desagradabilidade do comportamento presunçoso deflagrado pelo excesso de amor à fama e à vaidade:

> Deve-se ao menos reconhecer que é absolutamente necessário manter algum disfarce quanto a esse ponto [o excesso de vaidade]; se abrigamos orgulho em nosso peito, externamente devemos nos mostrar amáveis, bem como aparentar uma modéstia e mútua deferência em nossa conduta e comportamento. Temos de estar sempre prontos a dar prioridade aos outros sobre nós mesmos; a tratá-los com uma espécie de condescendência, ainda que sejam iguais a nós; a parecer sempre os mais humildes e os menos importantes de um grupo, quando não nos distinguimos por uma superioridade muito marcada. Se observarmos essas regras em nossa conduta, todos serão mais indulgentes com nossos sentimentos secretos, quando os revelarmos de maneira indireta (Hume, 2000, p. 638).

Esses jogos de *ser* e *aparentar ser*, esses *parties de cache-cache*, como diriam os franceses, essa *hesitação* interna sobre a própria opinião e a busca pela confirmação dela no âmbito da opinião alheia, como nos aponta Hume (2000, p. 351), é, sem dúvida, uma das características marcantes do século XVIII, o século da sociabilidade. E Hume, junto da grande modernidade de seu pensamento, consagrando o fenômeno da simpatia como objeto de estudo e problema filosófico, era também um homem de tendências classicizantes e que tinha o modelo francês em alta conta. Não seria de todo equivocado notar alguma semelhança entre essa valorização do decoro e das boas maneiras e uma apreciação dos jogos de corte, com suas regras de etiqueta a estruturar o gosto dos envolvidos. Esse era um século obcecado tanto com a reputação quanto com o seu "gerenciamento", com o perdão do termo anacrônico. A preocupação com as paixões em geral e o seu governo, isto é, com os modos pelos quais elas poderiam ser "domesticadas" ou anuladas, demandava novas elaborações, uma vez que até então, via de regra, eram tidas como parte integrante do pecado original e governadas pela religiosidade. A preocupação com as boas maneiras se baseava, então, também de acordo com tudo o que vimos aqui, em uma preocupação com estruturar o comportamento e as paixões sem apelo à religião e, no caso de iluministas escoceses como Hume, sem apelo a uma suposta racionalidade governante.

O segundo modo pelo qual o amor pela boa reputação pode ser governado é através de uma paixão oposta, isto é, uma paixão que opõe sua própria força à desse amor, de modo a regular sua intensidade. A paixão que podemos considerar que se opõe diretamente ao amor pela boa reputação, no jogo psicológico, é o amor pelo mérito.

Se julgamos que o mérito concilia as opiniões alheias à nossa própria, conforme acusa a facticidade de nosso sucesso, podemos compreender que ele evita aquele descompasso entre a vaidade e a aclamação pública. Essa mesma concordância pode servir para alimentar a simpatia entre o orgulho e o apreço alheio, de modo que o mérito dê a justa medida do amor pela fama. Dito de outro modo, ao invés de o orgulho e a vaidade de alguém nos levarem a compará-lo conosco e a experimentarmos um desconforto pela humilhação e pela alienação de nosso juízo da avaliação do caso, poderíamos ser inspirados pela simpatia, seu orgulho nos causaria apreço e, então, todo amor pela fama ali não teria caráter vicioso. Nas palavras de Hume: "se a pessoa parecesse ter exatamente o mérito que atribui a si própria, exerceria o efeito contrário [à comparação] e agiria em nós por simpatia", ou seja, "A influência desse princípio [da simpatia] seria então superior à da comparação, contrariamente ao que acontece quando o mérito da pessoa parece estar abaixo de suas pretensões" (Hume, 2000, p. 635).

Mas isso, ainda, pode ser colocado na conta do jogo social, mais do que do jogo psicológico. O que é interessante de observar acerca do mérito em relação à reputação no âmbito do jogo psicológico é que ele anda junto de outra paixão natural, quase como um caso específico dela, aquela a que Hume dedica a última seção do segundo livro do *Tratado*: o amor pela verdade. Porque o caso é o de compreender que o desejo de a reputação ser merecida diz respeito a uma ideia de *mérito verdadeiro*. Desse modo, o amor pela boa reputação não teria como se perder na falsidade de uma reputação vazia, mas se confundiria verdadeiramente com uma espécie de amor pela virtude, um amor pelos feitos e ações merecedores de apreço. Através dessa forma de amor pela verdade, então, a fama se vê amarrada à virtude, e o amor por ela não se desvia para o vício, não sabotando nosso desejo de reconhecimento.

A noção de *verdade* de Hume é bastante específica. Na última seção do Livro 2 do *Tratado* ele explica: "A verdade pode ser de dois tipos, consistindo quer na descoberta das proporções das ideias consideradas enquanto tais, quer na conformidade de nossas ideias dos objetos com a existência real destes" (Hume, 2000, p. 484). Ou seja, trata-se de uma noção de verdade que diz respeito ou às relações de ideias ou às questões de fato. Seria possível, então, facilmente identificar a questão do mérito no segundo tipo: a conformidade de uma reputação com a existência real do mérito que a justifique. Mas, segundo Hume, não é a verdade em si que produz prazer de modo a justificar nosso amor por ela. Os motivos para esse prazer são outros — nomeadamente: a inteligência e a capacidade empregadas em sua invenção e descoberta, a importância dessa verdade, sua utilidade e a conclusão do esforço demandado em sua descoberta (tanto devido à incerteza que se tornará certeza, quanto à atenção dedicada, que se vê atendida) (Hume, 2000, p. 485-488). Dito de outro modo, as verdades podem causar prazer porque: a) o exercício da inteligência causa prazer; b) o envolvimento com questões de valor também causa prazer (sendo que, de acordo com o que já observamos, o valor muitas vezes se constitui na dinâmica interpessoal das paixões, em consonância com o juízo alheio); c) a resolução de um problema ou dúvida causa prazer porque o problema ou dúvida causa desconforto; e d) a atenção dedicada a um propósito é uma espécie de esforço, e quando esse esforço é frustrado e a atenção parece perder seu propósito, sentimos desconforto, logo, a satisfação da atenção quando o esforço vale a pena gera prazer.

As relações que podemos traçar entre esses motivos e o amor pela boa reputação, acredito, são: a) a busca por boa reputação, como exercício de uma inteligência, pode causar prazer; b) a busca por boa reputação é exatamente um envolvimento com questões de valor, pois ela é orientada pelo estabelecimento de valores e poderia mesmo ser compreendida como a construção do valor pessoal — afinal, quase tautologicamente, tudo aquilo que tem valor pessoal é, para nós, uma questão de valor; c) se propagamos uma reputação que não condiz com nosso real valor, ficamos sempre em dúvida acerca desse valor, e é insegura a situação em que não conseguiríamos sustentar nossa reputação com nosso mérito — essa insegurança seria desconfortável, pelo que o amor pelo mérito é o que vem garantir que o amor pela boa reputação se oriente realmente para o prazer e não para a dor; e d) como um desdobramento do ponto anterior, se alcançamos uma reputação que não se sustenta pelo mérito, somos obrigados a reconhecer nela um esforço que pode ser frustrado a qualquer momento, então mais valeria um esforço pelo mérito do que um esforço apenas pela reputação, porque aquele garante esta, mas esta não garante aquele — e a garantia é um princípio de prazer.

Deve-se notar que os pontos "c" e "d" são aqueles que mais sustentam o amor pelo mérito como um tipo de amor pela verdade a regular a virtude do amor pela fama. O ponto "b" serve mais como demonstração de como essas paixões se relacionam, isto é, evocam uma à outra. Somente o ponto "a" não possui valor de governo do amor pela fama porque a inteligência envolvida no mérito e a inteligência envolvida na construção de uma reputação imerecida poderiam ser igualmente prazerosos — também existe astúcia na vaidade desmesurada.

Cito uma passagem do último parágrafo do Livro 2 do *Tratado*, a qual vem complementar nossa compreensão dos pontos "c" e "d" apresentados acima:

> Trata-se de uma qualidade da natureza humana, que se manifesta em muitas ocasiões, e é comum tanto à mente como ao corpo, que uma mudança demasiadamente brusca e violenta nos é desagradável e

mesmo objetos em si mesmos indiferentes produzem um mal-estar, se alterados. Como a natureza da dúvida é causar uma variação no pensamento e transportar-nos subitamente de uma ideia a outra, ela deve, consequentemente, ser ocasião de dor. Essa dor ocorre sobretudo quando o interesse, a relação ou a magnitude e a novidade de um acontecimento nos dão um interesse por ele. Não é sobre qualquer questão de fato que temos curiosidade; tampouco temos curiosidade apenas sobre aquelas que são de nosso interesse conhecer. É suficiente que a ideia nos toque com tal força, e nos concerna tão de perto, que sua instabilidade e inconstância nos causem um desconforto (Hume, 2000, p. 489).

Dificilmente encontraremos, na natureza humana descrita por Hume, uma ideia que nos toque com mais força e nos concerna mais de perto do que a própria imagem de nossa individualidade conforme ela aparece e atua na dinâmica social das paixões. Que essa imagem — nosso caráter — esteja submetida a incertezas e inseguranças, então, deve ser compreendido como motivo de dor. É por isso também, inclusive, que importa ter uma constância no comportamento, exatamente o caráter, mas sobretudo um caráter forte, para que ele não esteja à mercê de juízos inseguros ou de desconfianças inconvenientes. Se a própria concepção de caráter é uma forma de reconhecer essa constância agradável no comportamento, um mérito verdadeiro que garanta a constância do juízo acerca desse caráter reforça essa agradabilidade. Que a reputação seja acompanhada pelo mérito, portanto, garante que a reputação ande junto do prazer e, consequentemente, da virtude. O amor pela boa reputação, então, por esse princípio da agradabilidade da constância, vê-se amarrada ao amor pelo mérito, que impede que ela produza situações desconfortáveis porque inseguras.

O amor pela boa reputação governa

Não deve ser difícil enxergar também que, sendo entregues às dinâmicas passionais, a sociabilidade (e consequentemente a moralidade) se reporta fortemente às opiniões e aos juízos que as pessoas elaboram a respeito umas das outras e das suas ações — de modo que a existência de uma paixão orientada especificamente para a preocupação com essas opiniões, então, deve ganhar destaque nessa sociabilidade (e, consequentemente, nessa moralidade). O amor pela boa reputação aparece como a paixão central no que concerne à sociabilidade na filosofia humiana. Por isso, sequer é absurdo afirmar que, no nível social e sistêmico do pensamento moral humiano, encontramos uma espécie de governo do amor pela boa reputação sobre as outras paixões.

Explico: se, pelo sistema humiano, toda paixão só pode ser controlada por uma paixão oposta, assim como toda ação,sendo mobilizada por uma paixão, tem relação com a força que tal paixão assumiu em nós, então é possível considerar que a preocupação com a reputação sempre é capaz de gerar uma paixão (o amor pela boa reputação) que servirá, ali, para opor ou alimentar as outras paixões — ao menos sempre que tais ações disserem respeito a algo que eventualmente irá aparecer publicamente, sendo objeto da opinião alheia e de avaliação moral. Desejando uma boa reputação, por exemplo, e reconhecendo como são apreciadas certas ações, o amor pela boa reputação nos impulsionará a agir de acordo com essas apreciações. Assim como, preocupando-nos com nossa reputação através da conexão que se estabeleceu entre ela e nosso prazer (via sistema das paixões indiretas), o amor pela boa reputação poderá servir de oposição às paixões que mobilizem ações reprováveis. *O amor pela boa reputação é, de certo modo, o motor passional da moralidade* — é ele que vincula a vontade ao juízo público onde os julgamentos morais são fundados.

Na filosofia de Hume, o triunfo das paixões anda junto a um triunfo das opiniões — sendo que a paixão das opiniões é, justamente, aquilo que ali se chama de amor pela boa reputação. Amor pela boa reputação, portanto, na sua forma mais simples, nada é senão uma afetação pela opinião alheia. Logo, nesse sistema, todas as paixões podem ser controladas de duas maneiras: por uma paixão oposta, que contrarie sua força, ou pelo amor pela boa reputação, que é como uma paixão oposta curinga, que pode frear qualquer vontade pelo peso que traz das opiniões alheias.

Enquanto isso, o próprio amor pela boa reputação também passa por um jogo duplo, um que se dá nas relações com os outros (é um jogo social) e um que se dá na mente (é um jogo psicológico): respectivamente, é freado pelas opiniões alheias que o estruturam, como acabamos de mostrar, através da preocupação com as boas maneiras, e é freado pelo nosso amor pelo mérito e pela verdade.

9. SOCIEDADE POLÍTICA E REPUTAÇÃO

Nossa vida moral, para Hume, não é regrada nem pela razão, nem pela religião, nem pelas coerções governamentais. É claro que precisamos reconhecer que todas essas formas de organização exercem influência sobre o nosso comportamento, mas, de acordo com Hume, é por uma dinâmica passional que essa influência se estabelece, não por uma reflexão isenta de paixões (as quais são sempre o motor fundamental das ações). Quando obedecemos às regras, é mais por uma convenção estabelecida pelo costume e pelos interesses passionais do que por um código de leis governamentais ou religiosas. Do que se segue, curiosamente, que as regras a que obedecemos antecedem os governos e outras instituições regulatórias. Para Hume, é pelo nosso modo de estabelecer e seguir regras de conduta que algo como um governo vem a se fundar, e não o contrário. Os governos dão forma às orientações que se estabelecem em nossas dinâmicas passionais e habituais, mas não ocupam seus lugares, não as substituem nem anulam. Não existe nenhum princípio de conexão direta entre os governos, suas leis e regras, e nossa conduta — nossa relação com eles se fundamenta no nível mais natural das paixões e costumes, nível que os precede e funciona mesmo quando as formas institucionais, governantes, estão ausentes.

No nível mais contíguo da nossa experiência interpessoal, a benevolência e os efeitos imediatos das paixões atuam de maneira espontânea. Por um artifício (que é o desdobramento de princípios originais de nossa natureza), alçamo-nos a uma dinâmica reputacional, através da conformação dos nossos caráteres e sua atuação no mecanismo das paixões indiretas. E somos capazes de formular, entre esse desdobramento e as condições de partilha que nos são impostas pelo meio, uma virtude artificial — a justiça — que pode ordenar a sociedade e garantir sua estabilidade em uma escala maior do que a benevolência alcança. Esses são os enraizamentos naturais da moralidade, da justiça e, consequentemente, do governo — e, porque são naturais, são mais fundamentais na nossa existência do que as formas práticas, institucionais, que inventarmos para as manifestar. Elas são necessárias, tais formas institucionais não são. É por isso que, ao longo da história, formas diferentes de governo foram criadas e ainda podem ser inventadas, algumas com mais sucesso, outras com menos, houve contestações, revoltas e desobediência assim como houve aquiescência, servidão e satisfação, sem que nada disso possa ter sido absolutamente estável — porque as questões próprias à composição social são ubíquas, mas os governos criados para resolvê-las são mais habituais e despregados dos princípios da nossa natureza do que tais dinâmicas relativas à moral, à justiça, ao comportamento e às paixões.

É claro que mesmo essas dinâmicas passionais, reputacionais e artificiosas, que são uma expansão dos princípios mais contíguos da simpatia e da benevolência, encontram um limite de escala para a sua ordenação estável. E é evidente que nem os interesses passionais e nem o hábito são suficientemente estáveis para manter a observância da justiça. Hume não hesitaria em reconhecê-lo para dar o devido crédito à invenção de sistemas de governo que tentaram suplantar essa deficiência de escala. A necessidade desse suplemento era evidente em sociedades grandes e complexas como, por exemplo, as da França ou da Grã-Bretanha do século XVIII (e podemos considerar que o mesmo é válido para grande parte dos Estados atuais). Nelas, em muitas situações, como mostra Hume no *Tratado*, somos levados a pensar que abrir exceções às regras de justiça não seria grave — não somos suficientemente afetados pela simpatia, as relações são impessoais e o bem público é uma ideia excessivamente abstrata para nos manter na rédea curta. Nessa escala, o governo, enquanto pura autoridade, assim como o direito positivo, é um mecanismo de correção imprescindível contra as flutuações. Em resumo, mesmo os princípios naturais e passionais que estão na origem do governo, da moral e da justiça possuem uma limitação de escala para a sua estabilidade — a partir de certo ponto, somente a autoridade, a legislação objetiva e o poder que o costume lhes confere podem garantir a ordenação social.

Voltando nossa atenção para a questão da reputação, podemos observá-la atravessando tais escalas, desde o surgimento da justiça até a influência de governos e governantes em fazer valer o direito positivo e sua autoridade. Observemos sua participação na origem e manutenção do governo, de acordo com a descrição humiana. No *Tratado*, a origem do governo e da sociedade política é explicada no Livro 3, Parte 2, ao longo das Seções 7 a 12 (Hume, 2000, p. 573-612), ao passo que, na segunda *Investigação*, o tema ocupa toda a Seção 4. Tanto o conteúdo dessas seções do *Tratado* quanto o conteúdo da Seção 4 da *Investigação* se desdobram também em vários ensaios dos *Ensaios morais, políticos e literários*, sendo que, destes, três abordam mais específica e diretamente o tema: *Dos princípios primeiros do governo* (Hume, 2003, p. 21-25), *Da origem do governo* (Hume, 2003, p. 26-30) e *Da liberdade civil* (Hume, 2003, p. 64-72).

Segundo lemos no *Tratado*, o governo surge conforme a ideia de justiça alcança grande força passional em um conjunto de indivíduos de uma sociedade. Compreendamos isso. Seu argumento parte da constatação de que "os homens são, em larga medida, governados pelo interesse", sendo que:

> O meio mais eficaz que os homens têm de levar em conta seu próprio interesse é pela observância inflexível e universal das regras da justiça, única coisa que lhes permite preservar a sociedade, impedindo-os de cair naquela condição miserável e selvagem, comumente representada como o *estado de natureza* (Hume, 2000, p. 573).

Segundo Hume, reconhecer que é assim seria tão "palpável e evidente" que "é quase impossível que alguém que tenha tido experiência da sociedade se engane quanto a isso". E, no entanto, ele observa, os homens frequentemente "agem em contradição com seu reconhecido interesse", preferindo "qualquer vantagem trivial, mas presente, à manutenção da ordem na sociedade, que depende em tão grande medida da observância da justiça". Ele nota que:

> As consequências de cada violação da equidade parecem muito remotas, não sendo capazes de contrabalançar as vantagens imediatas que se podem extrair dessa violação. A distância, entretanto, não as torna menos reais; e como todos os homens estão, em algum grau, sujeitos à mesma fraqueza, acontece necessariamente que as violações da equidade acabam se tornando muito frequentes na sociedade, e o relacionamento entre os homens, desse modo, se torna mais perigoso e incerto.

Ainda que Hume descreva a justiça como algo que emerge dos princípios da natureza humana, ele precisa reconhecer que algo nesses mesmos princípios impede que ela simplesmente se estabeleça como a ordem geral das coisas, uma vez que é palpável o fato de que a injustiça existe e está largamente arraigada nas sociedades. Ele assinala, então, a partir dos mesmos princípios, como se podem constituir forças negativas em relação à sociabilidade, ou, podemos dizer, forças antissociais. Em seu argumento, isso recai gravemente sobre o modo como a contiguidade atua sobre as nossas impressões e ideias, levando-nos a ser mais afetados pelos objetos, interesses e efeitos mais próximos do que pelos longínquos, prometidos ou apenas imaginados. "Mesmo que estejamos plenamente convencidos de que este último objeto supera o primeiro", Hume escreve, "não somos capazes de regular nossas ações por esse juízo; cedemos às solicitações de nossas paixões, que sempre intercedem em favor de tudo que é próximo e contíguo" (Hume, 2000, p. 574).

A argumentação de Hume nesse momento é dedicada a esclarecer a questão da contiguidade. Ele mostra que, por um lado, é esse princípio da contiguidade que nos faz ser mais afetados pelos objetos mais próximos do que pelos mais longínquos, levando-nos a preferi-los em detrimento daqueles. Porém, ele nos mostra que é também esse mesmo princípio que nos leva a fazer pouca distinção entre os elementos bons e ruins daquilo que está distante, focando mais no que nos parece bom — dando assim ao distante sempre uma aparência mais benéfica do que a proximidade permitiria distinguir. Esse jogo entre o interesse que o distante nos desperta porque aparece como bom e benéfico, e a força com que o próximo nos afeta, é o que cria em nossa natureza uma oscilação entre a capacidade de estar de acordo com o nosso próprio interesse (no caso, a justiça) ou não — oscilação que vai se resolver de forma diferente em cada pessoa, de acordo com a possibilidade de aproximar o distante para ela, sem que ele perca seu lustre, tornando-o de interesse próximo.

Nesse momento do *Tratado*, é assim que Hume apresenta essa distinção entre os homens — e, finalmente, como ela dá origem ao governo e à sociedade civil:

> A única dificuldade é descobrir esse expediente por meio do qual os homens curam sua fraqueza natural, submetendo-se à necessidade de observar as leis da justiça e da equidade, não obstante sua violenta propensão a preferir o que é contíguo ao que é remoto. É evidente que esse remédio nunca poderia ser eficaz sem corrigir essa propensão; e como é impossível mudar ou corrigir algo importante em nossa natureza, o máximo que podemos fazer é transformar nossa situação e as circunstâncias que nos envolvem, tornando a observância das leis da justiça nosso interesse mais próximo, e sua violação, nosso interesse mais remoto. Mas como isso é impraticável com respeito a toda a humanidade, só pode funcionar relativamente a umas poucas pessoas, em quem criamos um interesse imediato pela execução da justiça. São essas pessoas que chamamos de magistrados civis, reis e seus ministros, nossos governantes e dirigentes, que, por serem indiferentes à maior parte da sociedade, não têm nenhum interesse ou têm apenas um remoto interesse em qualquer ato de injustiça; e que, estando satisfeitos com sua condição presente e com seu papel na sociedade, têm um interesse imediato em cada cumprimento da justiça, tão necessária para a manutenção da sociedade. Eis, portanto, a origem do governo e da obediência civil. Os homens não são capazes de curar radicalmente, em si mesmos ou nos outros, a estreiteza de alma que os faz preferir o presente ao remoto. Não podem mudar suas naturezas. Tudo que podem fazer é mudar sua situação, tornando

a observância da justiça o interesse imediato de algumas pessoas particulares, e sua violação, seu interesse mais remoto. Essas pessoas, portanto, são levadas não apenas a observar essas regras em sua própria conduta, mas também a compelir os outros a observar uma regularidade semelhante e a reforçar os preceitos da equidade em toda a sociedade. E, caso seja necessário, podem também fazer que outras pessoas se interessem mais imediatamente pela execução da justiça, criando um certo número de funcionários, civis e militares, para auxiliá-los em seu governo (Hume, 2000, p. 576-577).

Para Hume, portanto, os magistrados civis, reis, ministros, governantes e dirigentes, juntos de seus funcionários civis e militares, formam um conjunto de indivíduos que, por certo nível de indiferença à sociedade e por sua satisfação com sua condição presente e seu papel social, são capazes de enxergar na justiça um objeto de interesse próximo, e não distante. Para eles, a manutenção da justiça é algo que possui efeitos imediatos e não longínquos. Eles (quase) não são afetados do mesmo modo que o comum dos homens por esse desequilíbrio entre as vantagens presentes e as garantidas pelo interesse geral.

Um detalhe notável dessa elaboração é *como* tais homens adquirem essa indiferença e essa satisfação. Não é difícil enxergar que a própria instituição da sociedade política já é, em si mesma, a instauração dessa possibilidade: tais homens públicos, reis e funcionários do Estado extraem sua função social, sua reputação, sua remuneração, enfim, seus interesses mais imediatos, da manutenção da ordem social, e, por isso, para eles, existe uma conexão imediata entre os interesses mais próximos e a observância da justiça. Hume não explica exatamente como alguém pôde ter a ideia de criar tais funções, esse salto criativo por meio do qual os homens inventaram um modo de superar a tendência a preferir o próximo ao longínquo, tornando o interesse no longínquo algo próximo. Nesse ponto do *Tratado*, ele apenas observa que:

Embora os homens possam manter uma sociedade pequena e inculta sem governo, não podem manter nenhum tipo de sociedade sem justiça, e sem observar aquelas três leis fundamentais concernentes à estabilidade da posse, à sua transferência por consentimento e ao cumprimento das promessas. Essas leis, portanto, são anteriores ao governo, e supõe-se que impõem uma obrigação antes mesmo que se tenha pensado pela primeira vez no dever de obediência aos magistrados civis. E direi ainda mais: seria natural supor que o governo, *quando se estabelece pela primeira vez*, deriva sua obrigação desse direito natural, particularmente da lei concernente ao cumprimento de promessas. Uma vez os homens tendo percebido a necessidade do governo para manter a paz e fazer cumprir a justiça, eles naturalmente se reuniriam, escolheriam seus magistrados, determinariam seu poder e lhes *prometeriam* obediência (Hume, 2000, p. 580-581, destaques do original).

A brilhante ideia de tornar a justiça um interesse próximo de alguns indivíduos por meio da criação de postos honoríficos de administração pública aparece como consequência imediata, particularmente, da lei concernente ao cumprimento de promessas — o que é de fato bastante óbvio, se a considerarmos como uma espécie de contrato; no caso, algo como um contrato de trabalho. O filósofo afirma que "como a promessa é um vínculo ou garantia já em uso, que se acompanha de uma obrigação moral, deve-se considerá-la a sanção original do governo e a fonte da primeira obrigação à obediência". Em outras palavras, o governo, para Hume, tem como base esse princípio de decisão e execução da justiça na sociedade, que se estabelece pela implementação dos cargos dos magistrados civis, cargos esses que alcançam sua efetividade por meio de certa forma de *promessa*. O povo (digamos assim) promete obediência às determinações dos magistrados, promessa pela qual eles conseguem a garantia de cumprirem seu papel a despeito de parecerem agir contra os interesses imediatos de alguns indivíduos. Pois é de se esperar algum conflito se a administração da justiça é precisamente esse fazer valer o interesse no distante sobre aquilo que, para outros, não parece tão interessante quanto o imediato — aceitar o poder dos magistrados é então, para Hume, algo como uma promessa (nem sempre explícita, por vezes tácita e apenas costumeira), e é com base nessa noção de promessa que podemos compreender o sentido justo da obediência ao governo. Ora, note-se isto: a promessa é um elemento que nos remete aos mecanismos da reputação: pois são, além do princípio de causalidade, também a formação do caráter e os mecanismos das paixões indiretas que estão por trás da dinâmica de expectativas — que é o que pode dar origem à noção de promessa.

Mas existem mais dois pontos cruciais de encontro entre as dinâmicas da reputação e a criação de governos justos. O primeiro diz respeito à invenção do governo. Ela não se justifica apenas pelo modo como os postos na administração pública podem transformar a ordem social no interesse mais imediato daqueles que os ocupam. Trata-se, também, de pensar o surgimento de homens indiferentes à sociedade *a priori*, que não usariam das vantagens desses postos para suprir desejos particulares e imediatos, homens capazes de transformar a justiça em um interesse imediato não apenas porque são pagos para isso, mas porque algo lhes fez, antes, serem capazes de enxergar nesse interesse distante algo que deveria suplantar os interesses próximos, homens que realmente tenham a decisão e a execução da justiça como seu efetivo interesse imediato. O caso é de se perguntar o que poderia dar origem a homens assim, provavelmente os primeiros responsáveis pela invenção do governo e, certamente, sempre os responsáveis por fazê-lo retornar a seu sentido original. Alguns detalhes da exposição de Hume nesse momento do *Tratado* nos indicam uma compreensão desse ponto. Ele escreve ali:

> Mas essa execução da justiça, embora seja a principal vantagem do governo, não é a única. Assim como a violência da paixão impede que os homens vejam distintamente o interesse que têm em um comportamento justo para com os demais, impede-os também de ver a própria justiça, dando-lhes uma notável parcialidade em favor de si próprios. Esse inconveniente é corrigido da mesma maneira que o anterior. As mesmas pessoas que executam as leis da justiça também decidirão todas as controvérsias a seu respeito; e, sendo indiferentes à maior parte da sociedade, suas decisões serão mais justas que aquelas que cada qual tomaria em seu próprio caso (Hume, 2000, p. 577).

A referência de Hume à capacidade desses homens de decidirem, entre si, as controvérsias a respeito da justiça, decidindo sobre ela e executando-a a despeito das tendências gerais e naturais, não aparece senão com uma referência à violência das paixões e à capacidade desses executores da justiça de não cederem a elas. Ora, a compreensão dessa referência deve nos encaminhar para um de seus ensaios, aquele intitulado *Da delicadeza de gosto e de paixão*, publicado pela primeira vez como o texto de abertura de seus *Ensaios morais e políticos*. Nesse texto, o filósofo traça uma distinção entre, de um lado, uma sensibilidade muito sujeita às oscilações passionais, associada necessariamente a um temperamento muito entregue às circunstâncias — a delicadeza de paixão —, e, de outro lado, uma sensibilidade muito afeita às variedades da beleza e da deformidade, mais indiferente às circunstâncias — a delicadeza de gosto. O indivíduo de grande delicadeza de paixão, segundo Hume, vive muito entregue ao acaso das situações, isto é, a elementos que ele não pode controlar. Já o de grande delicadeza de gosto fia-se em objetos que dependem dele mesmo, de seu modo de apreciá-los, e aí encontra uma felicidade maior e mais estável. De acordo com o filósofo, aquele que é dotado de delicadeza de gosto "é mais feliz com o que agrada seu gosto do que com o que gratifica seus apetites, e seu contentamento com um poema ou com um raciocínio é maior do que aquele que o luxo mais dispendioso pode lhe proporcionar" (Hume, 2008, p. 14). Não obstante, o modo mais eficaz de se combater a inconstância e falta de autonomia da delicadeza de paixão seria justamente desenvolvendo a delicadeza de gosto. Hume escreve: "nada é tão apropriado para nos curar da delicadeza de paixão quanto o cultivo daquele gosto mais elevado e fino que nos habilita a julgar o caráter dos homens, as composições do gênio e as produções das artes mais nobres". E completa:

> Ter mais ou menos paladar para as belezas óbvias que impressionam os sentidos depende inteiramente de um temperamento mais ou menos sensível; mas, no que respeita às ciências e às artes liberais, ter gosto fino é, em certa medida, o mesmo que ter senso forte, ou ao

menos depende tanto deste, que são inseparáveis. (...) E esta é mais uma razão para que se cultive o paladar nas artes liberais. Nosso juízo será fortalecido por esse exercício; formaremos noções mais justas da vida; muitas coisas que agradam ou afligem a outros nos parecerão demasiado frívolas para despertar nossa atenção; e gradualmente perderemos aquela tão incômoda sensibilidade e delicadeza de paixão (Hume, 2008, p. 14).

Observe-se como o final dessa descrição coincide com as características dos magistrados civis tal como as vimos no *Tratado*: "muitas coisas que agradam ou afligem a outros nos parecerão demasiado frívolas para despertar nossa atenção" deve nos levar a reconhecer a indiferença à sociedade que caracteriza o magistrado; e não ignoremos a expressão "formaremos noções mais justas da vida" (no original: *we shall form juster notions of life*"), na qual a referência à justiça salta aos olhos.

Note-se ainda como Hume, no trecho do *Tratado* que viemos examinando acerca da origem do governo, afirma que a capacidade dos magistrados civis de preferir o bem distante ao bem presente "gera o que, em um sentido impróprio, chamamos *razão*, que é um princípio frequentemente contraditório em relação às propensões que se manifestam quando nos aproximamos do objeto" (Hume, 2000, p. 575) — uma atribuição de racionalidade que é imprópria porque, na verdade, é apenas o predomínio das paixões calmas. Observe-se, então, que é exatamente esse predomínio que está em jogo no surgimento das figuras políticas, no sistema de Hume.

Não seria de todo equivocado remetermos aqui ainda a outro ensaio de Hume, o *Do padrão do gosto*, no qual o autor nos fala da existência de um padrão universal do gosto do qual seria possível se aproximar pelo desenvolvimento da sensibilidade calma, do que chamamos de delicadeza de gosto. Essa noção remete à importância da história (e do conhecimento histórico) para o método experimental aplicado aos assuntos morais: um filósofo que tomasse apenas sua própria sociedade e sua própria época para estudar a natureza humana poderia facilmente confundir os costumes locais com leis universais; é buscando referência em casos distantes e distintos que ele pode se aproximar de reconhecer aqueles aspectos mais constantes da nossa natureza, que atravessam toda a variabilidade dos nossos costumes e culturas. O mesmo vale para a questão do gosto em seu pensamento: não é possível, para Hume, determinar quais são as melhores obras da humanidade, mas conforme algumas delas resistem ao teste do tempo e permanecem sendo relevantes através das épocas, deve-se reconhecer nelas algo que agrada universalmente ao homem, independentemente de suas especificidades locais e históricas. É assim que, para Hume, conforma-se o valor de um cânone clássico na literatura, por exemplo — com as obras que agradam para além de seus contextos específicos de produção mostrando-se em diálogo com um gosto mais generalizado e fundamental da nossa natureza, o padrão do nosso gosto.

O arco entre essas considerações se fecha, portanto, com o reconhecimento de que, para Hume, existe uma certa sobreposição entre os gênios artísticos, filosóficos, jurídicos e políticos, baseada na questão da delicadeza de gosto e das paixões calmas — indicação do que seria a sabedoria em sentido generalizado, genialidade que está na fundação da sociedade civil, conforme se associa à possibilidade de decidir e executar a justiça na sociedade (o que, então, será projetado também sobre a noção de uma essencialidade das artes liberais, da filosofia e de todas as formas de desenvolvimento da delicadeza de gosto para a própria sustentação da sociedade civil, como obras promotoras da delicadeza de gosto necessária para um comportamento justo). Tudo isso ainda incide no tema da reputação, pela consideração de que as boas maneiras também servem como um exercício da delicadeza de gosto, além de que a capacidade de julgar os caráteres aparece como um dos principais efeitos do seu desenvolvimento. Como se lê no ensaio *Da delicadeza de gosto e de paixão*: "raramente encontrarás genuínos homens de sociedade com sutileza bastante para distinguir os caracteres ou assinalar as insensíveis diferenças e gradações que tornam um homem preferível a outro" (Hume, 2008, p. 16).

O segundo ponto que nos cabe observar está na forma como Hume, na segunda parte do Livro 3 do *Tratado*, ao abordar a origem do governo, baseia toda a sua argumentação sobre o problema da contiguidade, como vimos pouco acima. Causa algum estranhamento que ele deixe de lado a questão da semelhança, junto com tudo o que diz respeito à simpatia, dois elementos que, na coesão de seu sistema, participam da mesma justificação.

Eles participam da mesma justificação porque, de acordo com Hume, o artifício pelo qual a justiça surge está estruturado sobre o conjunto das paixões ditas *interessadas,* conjunto que se confunde com o sistema das paixões indiretas conforme elas marcam uma dinâmica interpessoal baseada, principalmente, no estabelecimento do *caráter* como causa de prazer. O *interesse*, na filosofia humiana, pode ser compreendido como o interesse em uma forma de prazer que só se consegue por mecanismos indiretos, no caso, fundamentados na percepção alheia de nosso padrão comportamental. É essa articulação entre o princípio de busca pelo prazer (e evitação da dor), a determinação de padrões comportamentais e o juízo alheio que estrutura a noção de *interesse* no sistema humiano. Ora, ao abordar a questão da origem do governo, Hume afirma que "os homens são, em grande medida, governados pelo interesse" (Hume, 2000, p. 573), mas, nesse trecho da obra, esse interesse é comentado somente em relação à questão da contiguidade. Devemos atentar para como ele pode ser compreendido também no que diz respeito às dinâmicas passionais da reputação — as paixões interessadas que se estruturam sobre a percepção dos caráteres como causa de prazer, algo que depende fundamentalmente do princípio da simpatia. Sendo que a simpatia estabelece, para além da contiguidade, toda uma dinâmica baseada também na semelhança.

Recordemos: a simpatia, ainda que enraíze nossos movimentos passionais no âmbito social, está submetida à percepção de semelhança, porque naturalmente simpatizamos mais com aqueles que nos parecem mais semelhantes conosco. Ela é um efeito da imaginação sobre as paixões, capaz de fortalecer ideias a ponto de torná-las impressões, conforme a contiguidade *e a semelhança* criem alguma forma de identificação de uma pessoa com outra — assim, a partir da identificação mais básica do outro como humano, e reforçando-se com outras formas de identificação, tais como, por exemplo, de nação, família ou classe, tornamo-nos mais propensos a sentir aquilo que percebemos que o outro sente. A seção do *Tratado* dedicada ao amor pela boa reputação se abre (como uma Matrioska) para uma longa explicação desse mecanismo, e, apesar de, no nível do artifício dos caráteres, a dinâmica das paixões indiretas influir largamente sobre o comportamento, fica sempre presente aquele nível original e natural da simpatia como raiz sistêmica da dinâmica social das paixões na filosofia humiana. Sendo assim, por mais que a dinâmica dos caráteres expanda nossa dinâmica sociocomportamental para além do mais imediatamente contíguo e semelhante, a simpatia, como princípio sempre ativo da natureza humana, reforça para nós ainda o interesse pela percepção (e principalmente pela aprovação) dos mais contíguos e mais semelhantes. Podemos dizer que, se nos mantivéssemos apenas no nível do artifício dos caráteres, não faríamos distinção acerca de quem nos aprova ou desaprova, nem manteríamos uma relação passional muito intensa com os distintos modos pelos quais as pessoas se diferem — de modo que tal artifício nos lançaria diretamente para a prática da justiça. Porém, o princípio da simpatia enraíza nossa estrutura passional diretamente no âmbito social de maneira diretamente associada aos princípios de semelhança e contiguidade, de modo que nossas interações sociais se tornam mediadas, sempre, por questões de proximidade (contiguidade) e identificação (semelhança). Deleuze diria que a simpatia, embora funcione como princípio não-egoísta na filosofia de Hume, atua como princípio de parcialidade — para o escocês, nós não somos primariamente egoístas, mas também não somos imparciais: nós tendemos a priorizar e favorecer nossos mais próximos e semelhantes em detrimento de outros (Cf. Deleuze, 2012). Aliás, vale notar aqui, que é justamente por atrelar, a meu ver, em demasia, a noção de empatia ao esquema da contiguidade defendido por Hume que o psicólogo canadense Paul Bloom, em seu livro *Against Empathy* (2011) a considera, a empatia, uma má bússola para as distinções morais.

O que se deve concluir disso tudo é que, no que diz respeito à institucionalização da justiça e do governo na sociedade, o problema da contiguidade é análogo e paralelo ao problema da semelhança tal como ela opera sob o princípio da simpatia. Assim como a contiguidade nos ajuda a enxergar os benefícios do que está longe, mas nos faz preferir os benefícios imediatos aos distantes, nosso interesse natural na justiça parece depender de uma possibilidade de simpatizar com todos, sem fazer distinções entre os membros da sociedade, mas o próprio mecanismo natural que está na base da justiça opera sob o efeito dessas distinções — e tendemos a beneficiar nossos semelhantes, em detrimento da isonomia da justiça. A correção desse problema estaria no mesmo elemento que pode corrigir o problema da contiguidade: a figura do gênio, com sua predominância das paixões calmas sobre as violentas, predominância da delicadeza de gosto sobre a de paixão, como persona capaz de ser mais mobilizada pelo seu interesse na justiça do que por outras paixões e princípios que o afastariam dela.

Em última instância, para Hume, não existe forma institucional definitiva que garanta, por si mesma, o estabelecimento da justiça e do bom governo. Tanto na sua origem, quanto na sua manutenção, o que o governo precisa é ser direcionado por uma capacidade de gênio — uma predominância das determinações das paixões calmas sobre as violentas. É claro que, para Hume, essa predominância se desenvolve em algumas formas sociais mais do que outras: em uma sociedade liberal na qual exista o incentivo à produção intelectual, ao investimento educativo, às artes, não só a delicadeza de gosto poderá se espalhar melhor pela sociedade, garantindo uma ideia mais generalizada da justiça, como isso também produzirá mais homens de gênio capazes de compor a cúpula política e cultural dessa sociedade. Será esse tipo de liberdade que garantirá o progresso e a prática da justiça, sendo que as formas de governo não são senão modos de produzir ou impedir essa liberdade.

A participação da reputação nessas dinâmicas é central. Examinamos como, para o surgimento dos magistrados civis, era necessário um predomínio das paixões calmas sobre as violentas. Apesar de o amor pela boa reputação ser uma paixão violenta, devemos reconhecer como ela serve como uma espécie de paixão curinga para o governo das outras paixões, conforme sujeita o comportamento ao juízo alheio. Ela possui, portanto, uma função importante no predomínio das paixões calmas sobre as violentas, conforme, mesmo sendo violenta, apazigua com sua força todas as outras que se exaltem para além do que o juízo alheio (fundamento da moral) permitir — enquanto ela mesma se faz também governar pelas boas maneiras e por seus próprios mecanismos, além do amor ao mérito, no caso, como uma forma específica do amor pela verdade. Não se ignore como se relacionam, então, as boas maneiras e o amor pela verdade com a figura do gênio que aparece através do filósofo, do político e do magistrado civil: as boas maneiras são, para Hume, um modo evidente de exercício da delicadeza de gosto, e o amor pela verdade (ou a curiosidade) é uma paixão fundamental para o exercício filosófico e para a avaliação do mérito. O fato é que os mecanismos da simpatia e da reputação e o exercício da delicadeza de gosto se reforçam mutuamente na filosofia humiana.

Podemos ainda avançar para a Seção 1 da Parte 3 do Livro 3 do *Tratado*, intitulado *Da Origem das Virtudes e dos Vícios Naturais*, e ver como essas mesmas questões são retomadas ali, considerando o princípio da simpatia (inclusive com seu modo de estar sujeita às formas de semelhança que estabelecem diferenças entre as pessoas). É verdade que, nessa seção, Hume não vai abordar a questão dos caráteres ou do artifício da justiça, pois o tema da seção é justamente aqueles vícios e virtudes que não dependem desse artifício — e que por isso mesmo são ditos naturais. Mas ele vai se dedicar longamente ao princípio da simpatia e seu papel no estabelecimento do vício e da virtude, bem como no desenvolvimento da delicadeza de gosto. Ele afirma ali, perto do início, que "Vemos, assim, *que* a simpatia é um princípio muito poderoso da natureza humana, *que* influencia enormemente nosso gosto do belo, e *que* produz nosso sentimento da moralidade em todas as virtudes artificiais" (Hume, 2000, p. 617, destaques do original). Não é necessário repassar aqui tudo o que é afirmado nessa longa seção — isso seria apenas repetir a argumentação que já fizemos. Hume marca, nessa citação, a importância da simpatia para toda a moralidade construída nas virtudes artificiais, comentário que justifica levarmos as interpretações desse princípio para o exame das questões morais no nível da justiça e, consequentemente, do surgimento do governo também.

O governo, para Hume, surge como forma de implantação da justiça na sociedade. Poderíamos dizer que ele é como um segundo artifício — mais um modo pelo qual o homem naturalmente supera suas limitações naturais —, o primeiro sendo aquele que funda a própria ideia de justiça. Ou seja: pelo artifício que envolve a percepção dos caráteres na dinâmica das paixões indiretas, em toda sua relação com a questão da reputação, o homem chega à ideia de justiça (com as correlatas ideias de propriedade, direito e obrigação); por um desenvolvimento de sua sensibilidade, ele se torna capaz de preferir a justiça às afetações e efeitos mais próximos; e, pela invenção dos postos de administração pública, dos magistrados civis (o que chamamos de um novo artifício, por ser uma nova invenção, embora agora não tanto um desdobramento direto dos princípios naturais, mas uma criação feita a partir dos costumes), ele tenta suplantar a desigualdade que faz com que alguns enxerguem melhor do que outros o interesse comum da justiça.

10. O FILÓSOFO E SEU PÚBLICO

"Em uma pesquisa realizada pela BBC em 2005, David Hume foi eleito o segundo maior filósofo de todos os tempos. Ele recebeu mais votos do que Wittgenstein, Nietzsche, Platão e Kant e foi superado apenas por Karl Marx. Outras pesquisas o tem apontado como o filósofo do passado com o qual os filósofos dos dias atuais mais se identificam e como um dos escoceses mais influentes dos últimos mil anos".

James Harris

O modo como Hume traz o método experimental da Filosofia Natural para a Filosofia Moral assume, a um só passo, o limite do conhecimento possível acerca das questões de fato e a necessidade de submeter esse conhecimento à experimentação recorrente — de modo a construir, dentro desse limite, um fundamento sólido para a ciência (em seu *Tratado*, para a ciência da natureza humana, segundo Hume "o único fundamento sólido para as outras ciências" — Hume, 2000, p. 22). É importante reconhecer isso para que se compreenda como Hume assumia, mesmo a respeito do sistema que ele formulou em sua obra, a necessidade de uma experimentação recorrente que validasse seus resultados. Se, por um lado, a filosofia realiza a redução de toda percepção a impressões e ideias, recusando qualquer outro princípio constitutivo para a experiência, assim transformando a investigação da natureza em um mapeamento de constantes que precisam ser testadas para que se comprove sua validade, por outro lado ela também coloca seus próprios pressupostos sob a exigência da testagem, arrogando uma humildade que a submete à eficácia de seus efeitos, ou melhor, à sua capacidade de participar efetivamente da experiência humana em geral. Afinal, é só assim que se leva às últimas consequências a noção de que "não podemos ir além da experiência" (Hume, 2000, p. 23) — tomando a experiência como o único parâmetro tanto para o conhecimento moral quanto para o próprio estabelecimento desse parâmetro.

Não é à toa que Hume inicia seu *Tratado* falando contra aqueles filósofos que, já de partida, tecem os elogios de sua própria obra — como se o valor dessa obra pudesse ser decidido por qualquer princípio anterior ao processo recorrente da experimentação. Assim como é nesse ponto que se torna realmente claro aquilo que Hume queria dizer quando, na Advertência com que abre o livro, antes mesmo dessa crítica, afirma que sua intenção é "*testar* o gosto do público" (Hume, 2000, p. 17, destaque nosso), que considera sua aprovação sua maior recompensa e que seu juízo seria seu melhor ensinamento. A aplicação do método experimental ao exame dos assuntos morais exigia, da própria Filosofia Moral, que ela fosse submetida a um mecanismo de experimentação para encontrar, ou não, na aprovação do público e na sua capacidade de colaborar com o progresso e a reforma social, a validação de suas formulações — ponto em que deverá se tornar evidente o papel que a fama possui nesse método. Precisamos compreender, então, de que modo a filosofia, segundo Hume, submete-se à experiência, de que modo ela pode ser testada e, finalmente, o que a questão da reputação tem a ver com isso.

Consideremos a analogia humiana entre a filosofia e os trabalhos do pintor e do anatomista. Essa comparação aparece na conclusão do Livro 3 do *Tratado*, mas é mais desenvolvida na seção de abertura de sua *Investigação sobre o entendimento humano*, reescrita mais acessível da epistemologia construída naquele primeiro livro. O argumento da primeira seção da *Investigação* pode ser resumido da seguinte maneira: Hume afirma que a filosofia moral (ou ciência da natureza humana, como ele próprio diz) pode ser tratada de duas maneiras diferentes, uma que considera o homem "como nascido para a ação" e "como influenciado pelo gosto e pelo sentimento" e outra que vê o homem mais como "um ser dotado de razão do que um ser ativo" (Hume, 2004, p. 19-23). A primeira é dita *simples e acessível*, ao passo que, a segunda, Hume rotula de *abstrusa*. Ele não tem a intenção de descartar nenhuma delas quando propõe a distinção; pelo contrário, afirma logo de cara que cada uma é "possuidora de um mérito peculiar e capaz de contribuir para o entretenimento, instrução e reforma da humanidade" (II, 2004, p. 19).

Mesmo sem considerar que a filosofia acessível tenha um valor maior ou mais central do que a abstrusa, é possível identificar um paralelo importante, no texto humiano, entre essa filosofia, a ideia de reputação e a testagem que orienta o método experimental. Segundo Hume, a fama dos filósofos simples e acessíveis é *mais duradoura e mais justa* do que a dos abstrusos, porque, mostrando-se mais agradáveis e úteis, eles são mais reconhecidos pelo grosso da humanidade, enquanto a reputação dos abstrusos é mais especializada. Além disso, "é fácil para um filósofo profundo", ele escreve acerca dos abstrusos, "cometer um engano em seus sutis raciocínios, e um engano é necessariamente o gerador de outro" (Hume, 2004, p. 21) — o que seria o caso, por exemplo, de Aristóteles, Locke e até Descartes (este não é citado por Hume na passagem em exame, mas um acréscimo meu), que cometeram, como diríamos hoje, "erros técnicos", erros que a imparcialidade e os avanços científicos da posteridade trouxeram à tona. Já os filósofos "cuja pretensão é apenas representar o senso comum da humanidade em cores mais belas e atraentes", quando incorrem em erros acidentais, sempre poderão recorrer novamente ao "senso comum e aos sentimentos naturais do espírito" para retornar ao "caminho correto" e se prevenir contra "ilusões perigosas" (Hume, 2004, p. 22), ou seja, poderão reexaminar os costumes e deles extrair novos e velhos exemplos de boa ou má conduta, livrando suas asserções de cair em dogmatismos. Sendo assim, o filósofo abstruso acaba tendo pouca influência sobre "a nossa conduta e comportamento" (Hume, 2004, p. 21), porque tem pouca influência pública, ao passo que o acessível consegue trazer o homem para mais perto do modelo que descreve, a saber, aqueles modelos de perfeição buscados nos bons exemplos da vida cotidiana, nos costumes.

Não se deve subestimar esse enlace que Hume assevera entre a possibilidade de correção da filosofia e a extensão de sua fama. Pois não seria equivocado compreender esse *reexame* dos costumes como uma espécie de testagem, isto é, de experimentação da própria filosofia para aferir sua exemplaridade. No exame que fizemos, neste livro, do método experimental humiano e do amor pela boa reputação, seguimos por uma via bastante anatômica — agora iremos dar destaque ao caráter mais pitoresco que Hume agrega a ele.

Ao considerar a necessidade de aspecto pitoresco na obra filosófica, Hume não está valorizando apenas o prazer advindo da leitura de um texto bem escrito, o qual, apenas por essa qualidade, torna a instrução um entretenimento e uma atividade atraente para um maior número de pessoas. O que ele destaca desse aspecto é o apelo passional para correção dos costumes e a possibilidade de estender a reputação conforme a filosofia possa se corrigir e se reformular de acordo com os sentimentos públicos promovidos. Em outras palavras, é possível observar que Hume defende o aspecto pitoresco da filosofia por valorizar ao mesmo tempo: a) seu apelo passional e aos costumes e b) o modo como esse apelo submete a filosofia a um reexame de suas asserções. Simultaneamente, ainda, ele formula uma anatomia da natureza humana na qual c) são as paixões e o costume que estruturam a vida moral e d) por princípio, os resultados devem ser submetidos ao método experimental, com sua testagem e suas provas por indução. O sistema se articula unindo essas pontas, com um paralelo evidente entre "a" e "c" e entre "b" e "d": o sistema anatômico da filosofia deve se submeter ao princípio de testagem do método experimental; e isso se dá através do apelo às paixões e aos costumes do público, o qual promoverá o reexame e a correção de seus resultados conforme assim se sustente a (justa) possibilidade de alargamento da sua fama.

A noção humiana de que a reputação da obra filosófica opera sobre a possibilidade de seu reexame e correção, funcionando assim como um modo de testagem, é ilustrada pela obra do próprio Hume. Não só pelas palavras da Advertência que abre o *Tratado*, em que o autor se anuncia a "testar o gosto do público" e coloca sua filosofia sob a ingerência da aprovação alheia, mas também pelo modo como o próprio autor se preocupa com a reputação de sua obra, com o seu legado — algo que já foi lido como vaidade e que propomos ler aqui como uma preocupação metodológica, uma preocupação com a efetiva construção de seu trabalho filosófico.

O básico da questão não demanda muita demonstração: é evidente que se a obra não for lida e comentada, se o que ela afirma não for colocado em discussão e se não houver um largo engajamento em comprovar ou não que o sistema que ela elaborou é suficiente para explicar as experiências humanas (inclusive aquelas que o autor, sozinho, com sua capacidade limitada, não poderia prever), então não haverá experimentação de seus resultados, senão aquela que o autor realizou como um filósofo abstruso, isolado com seus próprios raciocínios — o que, segundo Hume, não é o suficiente para a ciência almejada. Para além disso, também é possível compreender que se a obra não foi capaz de provocar uma reação pública, excitando as paixões de leitores de modo a promover sua própria reputação, ela já falhou de algum modo — não totalmente, porque o sistema anatômico que ela projeta talvez ainda seja bom (*just*), mas sim em seu papel de eficácia ativa sobre as paixões e costumes do público. Pois lembremos que, quando Hume defende as duas espécies de filosofia na primeira seção da *Investigação*, o que ele afirma é que ambas são capazes de "contribuir para o entretenimento, instrução e reforma da humanidade" — isto é, o propósito da filosofia, para Hume, não é apenas o de encontrar a boa metafísica, mas o de tê-la a serviço da vida prática e do progresso humano. Poderíamos dizer que a metafísica, para Hume, só é realmente boa (*just*) quando ela serve para a experiência humana, de modo que, se a filosofia não conquistar reputação, ela não só não vai ser testada, como também não vai cumprir com o seu propósito.

O grande salto que precisa ser dado nessa compreensão é o de entender como, na verdade, essas duas noções são a mesma. Quero dizer: para fazer uma ideia completa do aspecto pitoresco da filosofia e de como ele articula método e reputação, é preciso compreender de que modo se interseccionam a testagem e o propósito no pensamento humiano. Duas noções — testagem e propósito — que Hume sagazmente enlaça em seu sistema filosófico ao redor do conceito de *experiência*. É como se Hume não fizesse distinção entre os termos "experiência" e "experimento": a filosofia valida seus resultados em experimentos e realiza seu propósito ao participar das experiências humanas em geral — só que em Hume essas duas noções são a mesma.

O modo como a obra de Hume ilustra esse enlace, isto é, o modo como é possível reconhecer esse enlace agindo em sua própria obra torna-se evidente quando observamos como o *Tratado da natureza humana*, sua primeira obra e aquela que formula todas essas noções, relaciona-se com a publicação de seus *Ensaios*. Essa continuidade do projeto do *Tratado* nos *Ensaios* é notoriamente defendida por John Immerwahr em seu artigo *The Anatomist and the Painter: The Continuity of Hume's Treatise and Essays*, de 1991. Contrariando a tendência geral, que costumava tomar essas duas obras como projetos paralelos, sem nenhuma relação direta entre si, Immerwahr argumenta que os *Ensaios* devem ser lidos como a continuidade direta do que fora exposto no *Tratado*. Literalmente: Immerwahr considera, em primeiro lugar, que o *Tratado* anunciara um projeto em cinco volumes. Na Advertência, Hume diz que os Livros 1 e 2, *Do entendimento e Das paixões*, formavam uma linha completa de raciocínio, a partir da qual, se obtivesse sucesso, ele passaria para o exame da moral, da política e da crítica; mas o *Tratado* só chegou ao volume 3, da moral, publicado um ano depois dos dois primeiros. Faltariam os volumes 4 e 5, dedicados à política e à crítica. Immerwahr sugere que os *Ensaios* fazem o papel desses volumes. Em segundo lugar, ele nos lembra que o encerramento do Livro 3 do *Tratado*, justamente o lugar em que pela primeira vez Hume faz a analogia do trabalho filosófico com a pintura e a anatomia, ele anunciara a necessidade de passar daqueles abstrusos exames anatômicos da natureza humana para a consideração de uma "moral prática", a qual demandaria um estilo diferente do empregado até ali. Eu cito o próprio Hume:

> O mesmo sistema pode nos ajudar a ter uma noção correta da *felicidade*, bem como da *dignidade* da virtude, e pode fazer que todos os princípios de nossa natureza se interessem em abrigar e alimentar essa nobre qualidade. (...) Mas não queremos insistir nesse tema. Tais reflexões requerem uma obra à parte, muito diferente do espírito (*genius*) do

presente livro. O anatomista nunca deve emular o pintor; nem deve, em suas cuidadosas dissecções e em suas descrições das partes mais diminutas do corpo humano, querer dar às suas figuras atitudes ou expressões graciosas e atraentes. Existe mesmo algo repulsivo, ou ao menos desprezível, na visão que nos fornece das coisas; é necessário situar os objetos mais à distância, torná-los menos visíveis, para que se tornem mais atraentes para o olho ou para a imaginação. O anatomista, entretanto, é admiravelmente bem qualificado para aconselhar o pintor; chega a ser impraticável atingir a perfeição nesta última arte sem o auxílio da primeira. Temos de ter um conhecimento exato das partes, de sua posição e conexão, para podermos desenhar com elegância e correção. Assim, as especulações mais abstratas acerca da natureza humana, por mais frias e monótonas que sejam, fazem-se um instrumento da *moral prática*; e podem tornar esta última ciência mais correta em seus preceitos e mais persuasiva em suas exortações (Hume, 2000, p. 660, destaques do original).

Immerwahr reconhece que a "obra à parte" em questão é o volume de *Essays, Moral, Political, and Literary*, com seu espírito (*genius*) distinto e sua preocupação com a felicidade e a dignidade de um modo que o *Tratado* não poderia ter. A razão disso é apresentada nesse mesmo parágrafo citado: por mais que Hume considerasse as duas espécies de filosofia, a abstrusa e a acessível, como complementares (tal como ele expressaria anos mais tarde, na *Investigação sobre o entendimento humano*), não se deveriam confundir os trabalhos do pintor e do anatomista, pois seus estilos (*genius*) são diferentes. O anatomista contribui para o trabalho do pintor e o pintor confere ao trabalho do anatomista a dignidade e a graça que lhe faltam, mas isso não significaria juntar os dois trabalhos em um só. Para Immerwahr, os *Ensaios* são a pintura filosófica que assume as premissas anatômicas do *Tratado*, buscando dar a elas o seu sentido prático na educação das paixões, na correção dos costumes e na difusão das paixões calmas e das sentidas calmamente — correspondendo estas à delicadeza de gosto de que Hume fala no ensaio de abertura dos seus *Essays* (*Da delicadeza de gosto e de paixão*), a delicadeza responsável por elevar o espírito da humanidade à felicidade e à dignidade. Em suas palavras, "[Os ensaios] seriam o fim para o qual o *Tratado* era o meio" (Immerwahr, 1991, p. 7).

Immerwahr defende, portanto, que não faz sentido considerar que o terrível insucesso editorial do *Tratado* teria levado Hume a abandonar seu projeto original de cinco volumes e assumir um projeto paralelo, o dos *Ensaios*, que traria mais reconhecimento (leia-se: fama) ou mesmo compensação financeira. Hume teria escrito e publicado seus *Ensaios* mesmo se o *Tratado* tivesse caído nas graças do público — exatamente porque eles são a continuação do mesmo projeto.

Acredito que Immerwahr mostra bem a continuidade do projeto filosófico de Hume entre o *Tratado* e os *Ensaios*, mas, quando afirma que os *Ensaios* seriam publicados como foram, independentemente do sucesso alcançado pelo *Tratado*, creio que algumas ressalvas devem ser feitas.

A primeira é que essa conclusão pertence inteiramente ao campo da especulação. Não temos como realmente saber de que modo Hume teria publicado seus ensaios se o *Tratado* tivesse recebido resposta crítica do público. Na Advertência que abre seu *Essays*, Hume afirma que aqueles textos eram planejados para publicações semanais, mas que por preguiça e desejo de lazer os publicava reunidos daquela forma. Será que se houvesse se tornado famoso com o *Tratado*, ele não teria um zelo maior pela publicação dos *Ensaios* e trabalharia a lenta propagação de sua reputação através de publicações semanais? Nessa Advertência, Hume também destaca a falta de conexão necessária entre os ensaios, fato que Immerwahr toma como pura retórica do autor, que objetivava promover a sedução e facilidade de leitura que acreditava serem necessárias para a moral prática. Mas se o *Tratado*, mesmo com sua minúcia anatômica, tivesse despertado o interesse público, não seria possível que Hume tivesse preferido destacar a continuidade entre os livros como continuidade do projeto, ressaltando a organicidade dos ensaios ao invés de disfarçá-la? O fato é que não é possível saber com certeza.

A segunda ressalva a respeito da tese de Immerwahr diz respeito ao pouco destaque que ele dá à questão metodológica da testagem nessa reconhecida continuidade do projeto humiano. Por um lado, é evidente que o fim do *Tratado* anuncia a continuidade do projeto em uma moral prática a ser produzida em estilo diferente, assemelhando-se mais ao trabalho do pintor. Por outro lado, no entanto, se Hume considerasse que o insucesso do *Tratado* pudesse ser simplesmente complementado com o sucesso dos *Ensaios*, não se importando com aquele fracasso de público, uma vez que ele era o esperado para o lado abstruso de sua filosofia, não haveria muito por que ele ter-se lançado, depois, ao trabalho das *Investigações*, que foram uma reordenação do conteúdo do *Tratado* com correções principalmente na expressão (aquilo que o levou, justamente, a conquistar leitores que ainda ignoravam seu primeiro livro[156]). Ou seja: ainda que Hume reconhecesse o *Tratado* como um livro mais próximo do anatomista, trabalho que não poderia se confundir com o estilo mais acessível e estimulante do filosófico pitoresco dos *Ensaios*, a continuidade de projeto entre eles não é a da simples complementaridade. Hume também desejava para o sistema exposto no *Tratado* uma espécie de reputação, uma testagem do gosto que viesse acompanhada de um juízo público, como ele expressa na sua Advertência. Além disso, Immerwahr não dá muita atenção ao fato de que, quando Hume retoma a analogia do pintor e do anatomista na primeira seção da *Investigação sobre o entendimento humano*, ele afirma aquela relação que destaquei entre a reputação e a possibilidade de correção do trabalho filosófico, associada à filosofia fácil, equiparada à pintura. Que isso apareça no início da *Investigação*, uma reescrita mais acessível do que fora exposto no *Tratado* deve levar a reconhecer que os *Ensaios* não eram apenas uma *continuidade* das elaborações do *Tratado*, mas, de certo modo, a sua *repetição* agora em chave prática, internalizada nos debates temáticos e assuntos pertinentes às discussões morais, políticas e críticas de sua época.

Pois é fato que, nos *Ensaios*, vemos diluídas e expostas, com texturas mais palatáveis, ideias e conceitos que de certa forma eram tributárias das teorias e formulações complexas do *Tratado*. O próprio Immerwahr nos mostra que o ensaio de abertura da coletânea de Hume, *Da delicadeza de gosto e de paixão*, recolocava as mesmas elaborações do seu sistema das paixões (Livro 2 do *Tratado*) e da relação das paixões calmas e sentidas calmamente com os princípios da moral (Livro 3 do *Tratado*), dando agora o passo a mais de praticar uma terapêutica das paixões com vistas a afetar a sensibilidade do público. A esse exemplo, poderíamos acrescentar outros. A noção de que somente uma paixão contrária, e não a razão, pode frear a força destruidora de uma paixão original, formulada no Livro 2 do *Tratado* (Hume, 2000, p. 322-372), reaparece como base da argumentação de diversos ensaios, tais como *Da impudência e da modéstia* ou *Sobre a avareza*. O argumento principal do ensaio *Dos caracteres nacionais*, que afirma que o caráter de uma nação se deve exclusivamente às causas morais e não, como sustentava a crença em voga na época (defendida sobretudo por Montesquieu), às causas físicas (solo, clima, vegetação etc.) é pela primeira vez formulado por Hume também no Livro 2 do *Tratado* (Hume, 2000, p. 350-359). A afirmação de que o governo se funda na opinião e não na ordem jurídica e racional, sustentada nos ensaios *Da liberdade civil* e *Da origem do governo*, também já está perfeitamente desenhada no *Tratado* (Hume, 2000, p.593-606; p. 573-578). E isso apenas para citar alguns exemplos.

O que quero observar aqui, portanto, é que se, por um lado, existe uma continuidade de projeto entre o *Tratado* e os *Essays*, bem como as *Investigações* (e, de certo modo, por toda a obra de Hume, embora os detalhes dessa continuidade talvez precisem ser examinados mais cuidadosamente para outros livros), deve existir também um reconhecimento de que essa continuidade não é exatamente tão linear como se correspondesse à duplicidade complementar dos aspectos do anatomista e do pintor na filosofia, isto é, como se fosse o *Tratado* o trabalho do anatomista e os *Ensaios* o do pintor. Há algo de pintor no *Tratado*, bem como algo de anatomista nos *Ensaios*, ainda que a ênfase recaia mais sobre um ou outro aspecto em cada obra. Pois o *Tratado*, apesar de seu objetivo sistemático, expressava uma preocupação com seu estilo que o tornasse acessível e estimulante. Do mesmo modo, os *Ensaios* eram também uma tentativa de promover as ideias do *Tratado*, não só de praticá-las, para atrair um público para elas e expandir sua fama. Como

Hume (2011) expressou em carta a Henry Home acerca dos ensaios: "Eles podem se mostrar valendo como esterco na marga e trazer à tona o resto da minha filosofia, a qual é de uma natureza mais durável, ainda que mais difícil e inflexível". Hume considerar o resto de sua filosofia — no caso, o *Tratado* — mais durável do que os ensaios aponta, inclusive, para como ele o associava à fama esperada para a filosofia fácil e acessível, tal como expressa no início da *Investigação* — ou seja, ele também creditava ao *Tratado* o caráter de uma filosofia acessível, ainda que mais abstrusa do que a ensaística.

Se Hume estava testando suas habilidades como escritor ao publicar seus *Ensaios* (como ele escreve na Advertência: "desejando testar meus talentos para a escrita, antes de me aventurar por composições mais sérias"), então talvez mais relevante do que tomar esses ensaios como continuidade expositiva de suas ideias, ou seja, como se fossem os Livros 4 e 5 do *Tratado*, seja reconhecer que eram a continuidade de seus experimentos filosóficos, a continuidade de um princípio de testagem que Hume anunciara na abertura do primeiro livro: uma testagem do gosto do público, cujo juízo era o determinante experimental da validade de seu sistema. O sistema do *Tratado* era *posto à prova* através dos *Ensaios*, os quais articulavam aquela anatomia em tom acessível e palatável, elaborado de acordo com um modo de convivialidade que associava instrução e leveza. Com a reputação mais facilmente alcançada através dos ensaios, Hume esperava construir a fama que serviria para pôr à prova as premissas do *Tratado*, submetendo-as à possibilidade de reexame e correção — tal como exposto acerca da relação entre fama e correção no início da *Investigação*, anos depois.

A possibilidade de os ensaios terem sido necessários para experimentar o sistema elaborado no *Tratado*, e não só para dar seguimento à elaboração da "moral prática", deve nos levar a indagar por que é que o insucesso do *Tratado* não serviu, para Hume, como sinal de que seu sistema era falho, isto é, de que sua hipótese estava errada, e por que, ao invés de reformulá-la no conteúdo, ele a reformulou apenas no estilo. Ora, é evidente que uma resposta crítica e negativa é diferente de nenhuma resposta, e o que Hume enxerga de seu primeiro livro é que "ele já saiu natimorto da gráfica, sem sequer alcançar o mérito de provocar um murmúrio entre os zelotes". O *Tratado* não havia sido testado porque ele não havia sido lido por praticamente ninguém.

Isso não significa que a escrita dos ensaios visasse substituir o estilo difícil do *Tratado*. Por seu caráter pouco sistemático, os ensaios não serviam para elaborar uma anatomia da natureza humana, ainda que carregassem as mesmas premissas. Sua relação metodológica com o *Tratado* era a de levar esse mesmo sistema à apreciação do gosto de um público que não se dedicava a "nenhuma extensão cansativa de atenção e aplicação". Pois de fato talvez essa fosse a avaliação que Hume fazia do público de sua época (e não apenas porque ele não soube apreciar o seu *Tratado*). Como Márcio Suzuki nos mostra em seu texto *O ensaio e a Arte de Conversar*, Hume considerava que, apesar dos "aperfeiçoamentos na razão e na filosofia" (Hume, 2000, p. 22), a Grã-Bretanha se encontrava bastante atrasada no desenvolvimento de sua sensibilidade. Reproduzo aqui um trecho em que Suzuki resume bem o caso:

> Longe de se pautarem por um preconceito (aliás, tão pouco humiano) contra os ingleses, esses juízos se devem às convicções classicizantes de Hume, que o levam a pensar que a ilha ainda não conseguiu se colocar literariamente no mesmo plano de outras nações e que, na Inglaterra de seu tempo, "bárbaros" continuam a habitar "as margens do Tâmisa". Mais de um século depois da época em que viveu o seu poeta "mais eminente", o panorama das letras na Grã-Bretanha não parece ter se modificado de maneira substancial, podendo se aplicar ao estado das ciências e artes polidas na ilha as palavras de Horácio: "e por muitos anos sobreviveram, e ainda sobrevivem, vestígios do nosso passado rústico". Conforme se lê no ensaio "Da liberdade civil", a "elegância e a propriedade de estilo foram muito negligenciadas" na Grã-Bretanha. A língua inglesa ainda não tem nem um dicionário, nem uma gramática tolerável. A melhor prosa em inglês só foi produzida muito recentemente, por um autor ainda vivo, Swift. Autores como Sprat, Locke e Temple desconheciam as regras da arte de escrever e,

por isso, não podem ser considerados "autores elegantes". A prosa de Bacon, Harrington e Milton é dura e pedante, "apesar de elegante pelo sentido" (Suzuki, 2008, p. 292-293).

Embora a Grã-Bretanha pudesse se exceder nas disputas religiosas, políticas e filosóficas, era pouco desenvolvida na gramática e na crítica. E o fato é que, para Hume, nem mesmo as ciências "se aprimoram (ou pelo menos não se aprimoram como deveriam), enquanto não se avança na gramática e na crítica" (Suzuki, 2008, p. 294). Isso é consequência direta de seu sistema filosófico, a partir do momento em que ele reconhece o costume e as paixões no fundamento da natureza humana. É por isso que Suzuki pôde resumir magistralmente a questão afirmando, acerca da preocupação de Hume com a promoção de "distinções morais", que:

> Essa capacidade, quer se chame discernimento nas relações de ideias e matérias de fato, quer delicadeza de gosto ou de imaginação, se funda num mesmo tipo de "evidência", que não pode ser alcançada por raciocínio algum, mas apenas pela crença ou sentimento. Se é verdade que o discernimento filosófico é importante nas operações que envolvem o gosto e a imaginação, da mesma forma só pode haver discernimento das operações mentais num indivíduo que é capaz de *sentir* as sutis diferenças entre elas (Suzuki, 2008, p. 329, destaques do original).

Em outras palavras, sem um desenvolvimento da sensibilidade não poderia haver progresso moral ou científico, justamente porque a sensibilidade é o que está na base do entendimento e do juízo (assim como a ciência da natureza humana, para Hume, está na base de todas as outras ciências). Ora, se era possível afirmar que a experimentação da filosofia depende de uma espécie de esforço coletivo porque somente assim o método experimental extrapola os limites individuais do filósofo abstruso e coloca a formulação do sistema dentro do exigido pela experiência humana em geral, também era preciso reconhecer que o público só vai estar apto a trabalhar essa testagem se possuir certa delicadeza de gosto. Ao mesmo tempo, a própria filosofia assume também a missão de promover tal delicadeza de gosto, exercendo assim uma espécie de combinação entre a sua capacidade de estimular a delicadeza de gosto na sociedade, ser testada por essa delicadeza de gosto e, se necessário, aperfeiçoada — combinação que, espera-se, levará ao progresso do mesmo modo que o método experimental também promove desenvolvimentos na Filosofia Natural (sendo que aqui os desenvolvimentos serão no campo da natureza humana em geral, ou seja, mais fundamentais ainda para todo avanço moral e científico).

É claro que a simples promoção de textos filosóficos não seria o suficiente para promover a delicadeza de gosto e os progressos sociais resultantes da amálgama do *experimental reasoning* nas dinâmicas sociais. Hume mesmo aborda diversas questões que fariam parte da possibilidade do progresso científico e moral das sociedades — por exemplo, os papéis dos sistemas de governo, do desenvolvimento do comércio, das relações de galanteio e polidez e das produções artísticas. Mas é de se notar como a ensaística filosófica aparece, para ele, como um agregador, talvez um catalisador, na possibilidade desses processos. Para Hume, "o ensaísta é o elo entre o mundo da erudição e o público" (Suzuki, 2008, p. 320), criando a ligação entre os progressos científicos e as formas sociais de produção e convivência. Seu estilo então aparece como um guia para os hábitos mentais da cultura letrada, conforme é capaz de promover a "substituição das paixões violentas por 'paixões calmas', mais propícias ao desempenho de ações acertadas" (Suzuki, 2008, p. 326).

O filósofo entende que é imperativo encontrar a abordagem correta e o estilo adequado para conduzir as paixões de seu público. Por um lado, seguindo a linha da tendência classicizante de Hume, que tinha o modelo francês em alta conta, seria possível falar em emulação dos grandes clássicos e na possibilidade de, através deles, aproximar-se de um padrão universal do gosto humano. Por outro lado, também seria preciso reconhecer o estado atual de sua sociedade, quais as tendências e simpatias da época e da nação, porque era no seio dessas dinâmicas já instauradas que se poderia buscar promover o movimento das paixões necessário ao progresso nas ciências. Mesmo se Hume tivesse se aproximado sensivelmente do padrão de gosto na escrita de seu *Tratado*, de nada adiantaria se não houvesse delicadeza de gosto para reconhecê-lo na Grã-Bretanha da época. Seriam necessárias outras tentativas sensíveis de formar o público para o exame e testagem da boa metafísica. Nas palavras de Suzuki acerca do caso, "tal como ocorre em geral na história das nações e na história dos indivíduos, os primeiros passos são sempre um aprendizado por tentativa e erro" (2008, p. 294). Nas palavras do próprio Hume: "frágeis ensaios na direção das artes e das ciências".

Tendo isso em conta, pode-se compreender que Hume tenha escrito, na Advertência de seus *Essays*, que aqueles textos visavam testar seus talentos de escritor antes de ele se lançar em *"more serious Compositions"*. Ou que tenha dito na carta a Home que esperava que seus ensaios chamassem a atenção para o resto de sua filosofia. Ou ainda, que, mesmo com o sucesso dos ensaios, tendo o seu *Tratado* permanecido relativamente ignorado, ele tenha julgado necessário corrigir também a expressão de seu sistema e tenha escrito então as *Investigações*. Os ensaios, para Hume, visavam à convivialidade e a um trabalho público de terapêutica do gosto e das paixões, mas ele também esperava que esse mesmo trabalho e convivialidade pudessem se dar ao redor do sistema anatômico do *Tratado* ou das *Investigações*. O problema era que a Grã-Bretanha, de certo modo, segundo o próprio Hume, não tinha um público preparado para receber uma obra como aquela, e, por isso, ao invés de ser testada objetivamente, ela teve de sê-lo indiretamente, através da reputação ensaística. Sempre tendo em vista, ao mesmo tempo, que essa testagem ensaística também assumia um papel de terapêutica pública, visando à constituição de uma cultura erudita e prática na sociedade — uma que seria não só mais próspera, digna e feliz, mas capaz de levar adiante a testagem do método experimental aplicado aos assuntos morais — dando seguimento à elaboração filosófica de uma boa metafísica, a "composição mais séria".

Dito de outro modo: os ensaios não seriam capazes, por sua pouca sistematicidade, de conformar uma boa metafísica, mas poderiam servir para promover o tipo de experiência que tal metafísica demandava. E isso no duplo sentido da experiência como testagem das hipóteses (testagem do sistema formulado) e da experiência como prática humana em geral, baseada em sua delicadeza de gosto. Compreende-se, assim, de que modo a filosofia, segundo Hume, submete-se à experiência: pelos seus dois sentidos, isto é, pela sobreposição dos caminhos da testagem e do propósito, pela circularidade entre o desenvolvimento da delicadeza de gosto e a experimentação do sistema de acordo com essa delicadeza. Grosseiramente, poderíamos dizer: a boa metafísica é aquela que é testada em sua pertinência para a felicidade e a dignidade e passa no teste.

A dinâmica entre estímulo e testagem, terapêutica e desenvolvimento teórico, no pensamento de Hume, faz da aplicação do método experimental aos assuntos morais um movimento que entrelaça progresso científico e progresso social. Isso significa que *propagar* o método experimental no meio social é promover esses progressos. E — esse é o ponto crucial aqui — tal propagação, não só bem-intencionada como também sujeita à reavaliação constante de sua efetividade, é justamente *um mecanismo reputacional* — trata-se da *propagação da fama do método*, desse modo específico (humiano) de método experimental. A fama se mostra, assim, como fator metodologicamente ligado ao progresso social e científico. O amor pela boa reputação aponta para a noção de um amor pela contribuição social.

Uma ressalva. Deve-se observar que, quando falamos do público de Hume, referimo-nos às pessoas em geral, mas não indistintamente. Hume fazia diferença entre "sábios" e "tolos", entre "corja de literatos" e "verdadeiros filósofos". Embora considerasse que o reconhecimento em geral podia servir à experimentação metodológica, a opinião dos verdadeiros "letrados" (*men of letters*) possuiria mais valor — seja porque, com sua própria reputação, eles poderiam promover a reputação do autor, ao recomendar publicamente sua obra, seja porque suas avaliações seriam mais amplas e ponderadas, mais guiadas por paixões calmas, e, por isso mesmo, mais capazes de fornecer respostas produtivas.

Veja-se, por exemplo, como Hume se dirigiu a Adam Smith (não sem um claro senso de humor), por carta, quando do sucesso da publicação da *Teoria dos sentimentos morais* deste último:

> Meu caro sr. Smith, tenha paciência. [...] Pense na vacuidade, rusticidade e futilidade dos julgamentos comuns dos homens: quão pouco eles são regulados pela razão em qualquer assunto, quanto mais em assuntos filosóficos, que tanto ultrapassam a compreensão do vulgo. [...] O império de um homem sábio é o seu próprio peito. Ou, se ele chega a olhar mais além, ele o fará apenas em deferência ao julgamento de um seleto e pequeno grupo, livre de preconceitos e apto a avaliar seu trabalho. Nada de fato pode ser mais indicativo de falsidade do que a aprovação da multidão, e Fócion, como você sabe, sempre desconfiava ter cometido algum equívoco quando era acolhido com aplausos pelo povo. Supondo, portanto, que você tenha se preparado devidamente para o pior mediante todas essas reflexões, prossigo para relatar a você a melancólica notícia do infortúnio do seu livro: pois o público parece disposto a aplaudi-lo em extremo. Ele foi aguardado pelas pessoas tolas com alguma impaciência, e a corja dos literatos já começa a se tornar estridente nos elogios (Hume, 2011, p. 60-61).

Embora o aplauso exagerado do público possa indicar algum sucesso filosófico, ele não é confiável, pois a concordância exagerada com as expectativas e costumes dos leitores não significa que o autor tenha sido capaz de se aproximar do padrão do gosto que excede os hábitos de sua época e que sua teoria será capaz de exceder esse gosto local para atingir um que o transcenda. A avaliação de homens racionais, de verdadeiros sábios, que se orientam pela delicadeza de gosto e pelas paixões calmas, é sempre uma resposta mais produtiva e valiosa porque vale como um diálogo mais direto com aquilo que extrapola os hábitos e costumes locais e da época.

Quando da publicação de sua obra, o jovem Hume estava perfeitamente ciente das dificuldades que aguardam um autor, como mostra este trecho de uma carta a Henry Home datada de 13 de fevereiro de 1739:

Se você conhecer alguém que seja um juiz, você me daria um grande prazer em o fazer se lançar à leitura do livro. É tão raro encontrar alguém que vá assumir os percalços de um livro que não venha recomendado por algum grande nome ou autoridade que, confesso, estou desejoso de encontrar tal leitor tanto quanto se já tivesse a certeza de sua aprovação (Hume, 2011, p. 26).

Hume deseja a leitura de alguém dotado de reputação, um pouco como se essa reputação já valesse pela sua aprovação — porque somente a leitura de alguém assim poderia impulsionar a fama da obra. É quase como uma versão adaptada daquela máxima "falem bem ou falem mal, mas falem de mim": importava pouco a aprovação de alguém dotado de notoriedade se tal notoriedade não fosse capaz de promover a leitura da obra. Podemos dizer: se contribuísse para a expansão da experimentação do sistema, uma avaliação negativa não seria um problema, pelo contrário, se fosse bem fundamentada poderia mesmo servir para o reexame e correção do sistema. O mais importante, de qualquer forma, era a expansão do público, da fama da obra, para além mesmo dos costumes locais, rumo ao padrão geral do gosto, coincidente com o padrão geral dos apetites humanos — para que ela pudesse prosseguir com seu desenvolvimento.

À GUISA DE CONCLUSÃO

A natureza humana tal como investigada, observada e anotada por David Hume dispõe de dois componentes centrais que atuam junto das paixões e que nos mobilizam: a simpatia, de que falamos longa e diretamente aqui; e o gosto, faculdade que se entrevê no princípio geral, organizador dos nossos impulsos, da dicotomia entre uma propensão positiva a certas formas (um princípio de prazer e busca pelo prazer) e uma propensão negativa (um princípio de desprazer e aversão ao desprazer). Quando pensamos em uma sociedade em que as paixões triunfaram — quero dizer, numa sociedade onde os discursos e comportamentos se baseiam largamente nas paixões para justificar suas intenções e sentidos —, é interessante questionar como essas noções vêm a se tornar basais e necessárias para um pensamento da articulação entre os sentimentos e a sociabilidade. Conceitos como os de simpatia e gosto podem parecer antiquados, enraizados demais em problemas filosóficos do século XVIII. Porém, quando aprendemos (com Hume) a tomar os conceitos não como identificadores de entidades precisas (como seriam os nomes das paixões, por exemplo, em um sistema baseado em sua definição qualitativa), mas como indicadores posicionais em sistemas modelares de coerência (como vimos que Hume faz com os nomes das paixões), percebemos a pertinência de atualizar modelos por meio do aproveitamento de conceitos — e podemos então reconhecer a atualidade de obras filosóficas pelo modo como elas se fazem operar junto a questões presentes. O problema da relação entre o triunfo das paixões e as formas de sociabilidade, pensado na chave que o formula (o do método cético de Hume), constitui assim um instrumental pertinente para construir perguntas e reflexões acerca do nosso mundo. É a partir dessa elaboração que tentei sugerir aqui a espantosa atualidade de nosso filósofo.

A simpatia é o operador mais básico da sociabilidade no sentido de permitir retirar nossa consideração da natureza humana de uma fundamentação egoística. É por isso que Hume a reputa um princípio tão poderoso. Ela é o conceito que instaura o nosso exame do comportamento diretamente na forma comunitária. Como já mencionamos anteriormente, um exemplo interessante de apropriação e atualização de formulações humianas como essa está no trabalho da cientista política alemã Elisabeth Noelle-Neumann (1916-2010), fundadora do primeiro órgão alemão de pesquisa de opinião e professora da Universidade de Mainz. Em sua investigação a respeito do funcionamento da opinião pública, Neumann identifica a existência de dinâmicas populacionais de opinião que são guiadas por uma capacidade individual de perceber o clima das opiniões alheias, junto a uma necessidade natural de se adequar a esse clima. Não por acaso, para formular essa percepção (de grande importância para as pesquisas estatísticas de opinião) ela retoma ideias elaboradas por Locke, Rousseau, Madison e, claro, Hume. É no escocês que ela colhe a concepção de que as opiniões operam como um jogo de forças a nível sistêmico e social, em que a ideia de justiça e a legitimidade de um governo são artifícios estruturados sobre mecanismos naturais eminentemente passionais e socialmente dinâmicos. Pensar a dinâmica populacional das paixões e opiniões se mostra de importância ainda maior em épocas de polarização política, fake-news, mobilizações de disputas sociais sem articulação argumentativa e populismos. Sob a injunção mais recente das redes sociais, das novas formas de organização do trabalho, direcionamentos do jornalismo e modos de organização política, retomar esses princípios de ciência, método e compreensão do enlace entre sentimentos e sociabilidade a nível populacional se mostra produtivo, mesmo necessário.

Cabe observar que, como tudo no sistema humiano, a simpatia também pode se ver à mercê dos movimentos de estímulo e retração que compõem a recorrência das nossas experiências. Assim como os comportamentos e paixões mais repetidos tendem a se reforçar e aqueles evitados tendem a desaparecer, também a simpatia pode ser reconhecida como um princípio cuja força de atuação depende de quanto a forma social a permite agir, reagir e reforçar-se. Ou seja, por mais que seja tomada como um princípio original da natureza humana, a simpatia pode ser mais ou menos estimulada, a depender das formas sociais em questão — fortalecendo-se em algumas, atrofiando em outras. Ela sempre atuará em nossa natureza desde tenra idade, em nossos contatos com nossos familiares e com os mais próximos de nós; mas, conforme o indivíduo é exposto a outras formas de sociabilidade — os modos da esfera pública, do trabalho, os costumes locais, a tecnologia, as redes sociais, a urbanização, as formas pelas quais o tempo, o espaço e as possibilidades comportamentais se estabelecem — surgirão maneiras complexas de estimular ou desestimular a simpatia, levá-la a certas identificações ou a outras, bem como a desidentificações, parcialidades e mesmo a supressões emocionais. A simpatia, afinal, é tanto um princípio gregário quanto desagregador. É a partir dele, afinal, que, a rigor, decorrem as bases das articulações passionais que dão origem às facções e aos partidos.

A simpatia como concebida (e experimentada) por Hume figurava em uma sociedade diferente da nossa. As formas de interação em que o escocês percebeu sua atuação estão cada vez mais distantes, são cada vez menos viáveis. Quando consideramos o mundo digital que nos permeia, encontramos uma forma arraigada de interação social baseada em uma intermediação eletrônica, virtual, entre as pessoas. Essa forma social está em expansão, não só com o crescimento das redes sociais e sua interferência direta no nosso cotidiano, como também com a automatização de serviços (máquinas de suporte, interfaces de atendimento, despersonalização do trabalho etc.). Isso vai além: em alguma medida (que também me parece crescente), temos estabelecido relações emocionais com as próprias máquinas, conquanto seus algoritmos são feitos para nos agradar e sua companhia nos parece cada vez mais indispensável — difícil dizer se é de fato o conteúdo das redes que nos interessa ou se não é realmente apenas o modo recursivo com que ele, quase nulo, se expõe a nós e nos captura, moldando a nossa atenção e criando uma expectativa de reiteração. Com os desenvolvimentos da Inteligência Artificial, imagens como as representadas pelo filme Her, de Spike Jonze (2013), logo deixarão de ser alegóricas. Não cabe aqui aprofundar o tema do impacto geral da cultura digital no comportamento do homem, mas vale registrar que o assunto vem sendo recentemente debatido, a partir de outros arcabouços, por exemplo, por Byung-Chul Han em livros como Infodemia (2022) e A crise da narração (2023). O fato é que neste cenário de extremada intermediação eletrônica entre as pessoas e entre as pessoas e as coisas, a simpatia, claro, encontra dificuldades para se exercer plenamente. Ora, se as nossas interações sociais são cada vez mais baseadas naquela intermediação, no uso dos recursos eletrônicos e digitais, então nós nos exercitamos em uma sociabilidade em que a simpatia passa a atuar muito pouco ou quase nada.

Isso pode parecer banal. Porém é muito sério e potencialmente catastrófico. Aquilo que atrofia a simpatia, atrofia igualmente todo o sistema que podemos entender como natureza humana tal como descrita por Hume. Pode chegar um momento em que a simpatia, atrofiada, não tenha mais a força necessária para ser considerada um fator fundamental de sociabilidade. E se nosso comportamento se torna alheio a esse tipo de identificação e reprodução passional, definhando também nossos modos comunitários de associação de ideias (por contiguidade, semelhança e causalidade), abre-se um espaço ainda vago de compreensão acerca da nossa moralidade, sua constituição e como ela pode atuar na ordem social. Se existe, como na apropriação conceitual mais recente de Noelle-Neumann, uma dinâmica natural e populacional das opiniões, vemos que ela pode se dar de maneira mais apartada da carga emocional da simpatia, mais ligada a reforços egoísticos da interação com a máquina — e isso certamente tem efeitos na constituição do nosso senso moral.

O mesmo vale para a noção de gosto: ele, tanto em sua dimensão física quanto mental, depende do exercício refletido e constante dos órgãos sensíveis. O prazer e a dor se fazem direcionar, segundo Hume, por acordos sociais simpáticos, que se transmitiriam por meios paralelos ao simples estímulo-e-resposta de uma abordagem individualista. Mas, se pensamos na febre digital da sociedade contemporânea, febre esta que nos tira sobretudo das manifestações culturais presenciais e físicas (das salas de concertos, dos teatros, cinemas, museus, exposições, da companhia dos livros), precisamos nos perguntar sobre seus efeitos nos mecanismos mais básicos do gosto na sociabilidade — questão que leva diretamente a problemas de moralidade, senso de justiça e estruturação da nossa delicadeza de paixão.

Já a tópica da reputação, sobre a qual tanto insistimos aqui, vale lembrar que ela é central não só para o pensamento de Hume — e para o modo como pensamos o próprio Hume — como de resto para boa parte da filosofia iluminista — veja-se, por exemplo, como Diderot a expressa em *O sobrinho de Rameau*. Lá, o problema da reputação se delineia, entre outras imbricações, de um modo que permanece pungente até hoje: como articular o valor moral de um indivíduo entre o que pode haver nele de gênio e o que pode haver de condenável? Como lidar com figuras que, em tese, a longo prazo, agem positivamente na esfera pública, produzindo o bem comum e, no curto prazo, na esfera privada, agem de modo deplorável e "politicamente incorreto"? Como lidar com um passado de grandes filósofos racistas, cientistas homofóbicos de enorme importância, artistas machistas incontornáveis, pensadores cuja contribuição à história tenha se construído sobre a espoliação colonial? Tomemos aqui o exemplo do próprio Hume, autor de uma famigerada nota racista em um de seus ensaios mais importantes, "Dos caracteres nacionais" (Hume 2023).

Por mais que se argumente que se trata de um equívoco de especulação e não de moral; que se diga que discutir as diferenças de raças era comum à época; que Hume olhava para a História e nela não via grandes feitos desta ou daquela raça; que, no restante das cerca de dez mil páginas que escreveu, ele não trate da questão de raças e não dê qualquer outra demonstração de racismo; que o próprio conceito de raça estivesse em formação nas pesquisas dos naturalistas e anatomistas daquele século; que, no restante de todas aquelas dez mil páginas, Hume tenha produzido uma filosofia que ajudou na compreensão daquilo que hoje entendemos por liberdade civil — mesmo assim, Hume deve e merece ser criticado pelo comentário. É uma mácula inegável em sua reputação. Seu grande amigo Adam Smith, pai da economia política, lidou com o tema de modo diferente na "Teoria dos sentimentos morais" (1759), em que ressalta haver, em todo negro da costa da África, um grau de magnanimidade perante a alma sórdida de seu senhor branco.

Em contraste com a famigerada nota (que, do ponto de vista prático, não se tem notícia de que tenha alcançado maior repercussão fora do círculo acadêmico ao longo dos 300 anos em que esteve adormecida no meio de uma vasta e prodigiosa obra dedicada ao combate da superstição e à crítica da razão dogmática), a reverberação dos "epítetos abolicionistas" espalhados pelo ensaio "Das populações das nações antigas" (1752) alcançou impacto notório no próprio século de Hume. Nesse ensaio, Hume apregoa não haver, até onde se pode observar, "diferenças discerníveis" na espécie humana, condena veementemente a prática da escravidão doméstica no mundo antigo e observa que a escravidão humilha o proprietário do escravo, transformando-o em tirano diminuto. Segundo Eugene F. Miller, organizador dos *Ensaios morais, políticos e literários* (1742), Hume "antecipa os argumentos de muitos britânicos e americanos que concordaram com ele na oposição à prática da escravidão". E mais: essa defesa de uma inexistência de diferenças na espécie também o levou a se desviar de hierarquizações entre homens e mulheres (o que era bastante raro em sua época), ainda que ele tenha reproduzido lugares-comuns relacionados ao sexo feminino. Como se pode depreender a partir da leitura de um recente e interessante artigo de Marcos Balieiro (2020), em algumas passagens da obra humiana o chamado "belo sexo" é retratado como inconstante e dado a paixões intensas; porém, em outras, as mulheres, com seus "langores, "encantos" e distinta propensão à conversação, aparecem como portadoras de vantagens inegáveis sobre os homens em sua capacidade de desenvolver aquela delicadeza de gosto que, para Hume, estava na base da racionalidade, da prudência e da sociabilidade, constituindo assim o melhor modelo mesmo para o pensamento filosófico, para as chamadas *belles lettres* e para o *improvement* social. Pode ser pouco perto dos avanços do feminismo contemporâneo, mas esse "protofeminismo" de Hume é outro exemplo de como seu sistema filosófico abriu portas para avanços nas liberdades civis a despeito das eventuais falhas de seu próprio autor. A propósito, talvez não seja coincidência que as mais interessantes interpretações de Hume na atualidade sejam levadas a cabo por mulheres, duas delas brasileiras: falo de Livia Guimarães, Maria Isabel Limongi e da neozelandesa Annette Baier, falecida em 2012.

Será que poderia haver um modo claro, objetivo, de progresso e inclusão que avalie os sentidos do cancelamento do cânone, da história e da moralidade? Pode até ser que exista, mas não acredito que Hume possa oferecer uma resposta direta para um problema alheio ao seu horizonte de preocupações, mas o debate iluminista sobre o tema da reputação indica a herança de um esforço secular de pensamento sobre o problema — junto ao modo como ele vem incidir em sistemas e modelos de natureza humana, idealizações, relações entre paixão e sociabilidade, justiça e ordem social. Isso pode nos levar a caminhos de reflexão a serem perseguidos no debate atual (a herança é importante para não estarmos a cada geração reinventando a roda).

As formulações humianas acerca da reputação, de qualquer modo, não dizem respeito apenas ao problema do gênio condenável. Em geral, a questão da reputação se dava de maneira tão pungente na sociedade do século XVIII que deve ficar evidente sua centralidade para os fundamentos das formas políticas e sociais modernas. Para além da questão da herança, trata-se da dificuldade de lidar com as diferenças humanas em seus talentos, capacidades e formulações coletivas, da dificuldade de se pensar o sentido de "dar o poder ao povo" se o povo pode se mostrar terrivelmente imprudente (os exemplos se estendem desde os terrores revolucionários dos séculos XVII e XVIII aos fascismos dos séculos XX e XXI), de como articular uma noção de genialidade com uma noção de banalidade, do que se pode exigir de um indivíduo em cargo de poder e do que se pode imputar à lei democrática da maioria. A questão da reputação era (e é, com Hume) o modo moderno de se enfrentar esses problemas;

seus conceitos podem ainda incidir nas dificuldades que enfrentamos na ordem política e econômica contemporâneas.

Ao mesmo tempo, vale ressaltar, a questão do caráter na filosofia de Hume desenha uma imagem ética peculiar: nela há uma espécie de fusão das fronteiras entre o pensador e o indivíduo comum, entre o filósofo, o artista, o político, o crítico e o bom cidadão — porque tudo isso se mede numa régua única, a da delicadeza de gosto, que se faz alimentar por uma fundação moral única, a da coesão entre o prazer pessoal e o prazer alheio no sistema simpático e reputacional. Há uma espécie de conclamação (em geral tácita, mas nem sempre) à ideia de que não só o pensador, mas as pessoas em geral, podem (mesmo devem) exercer um cuidado com sua delicadeza de gosto, devem cuidar de suas emoções e de seu próprio caráter, por uma questão de valor e responsabilidade social; e devem exercê-lo com a mesma probidade na vida particular e na vida pública, diante de questões pessoais e de questões sociais, diante igualmente da ciência, da arte, do amor, da educação dos filhos, do trabalho, da política e das demandas comunitárias. Essa compreensão totalizante do valor moral centralizada na constituição do caráter particular oferece, acredito, uma orientação ética muito consequente e muito importante para se pensar a democracia moderna.

Quero concluir assinalando, mais uma vez e desta vez explicitamente, que a noção humiana de natureza humana promove um jogo curioso e um tanto *sui generis*: ela indica uma dubiedade entre estar integrado a um todo e ser ao mesmo tempo um elemento diferenciável, singular ali dentro deste todo — trata-se da natureza de algo que está na natureza, quero dizer, ela é a natureza, *mas* é humana. O pensamento de Hume é atravessado por esse jogo de uma maneira muito particular. Por um lado, sua filosofia reconhece a existência tanto de uma constância das experiências (o que permite alcançar um entendimento científico de como as coisas funcionam) quanto, por outro lado, de uma inconstância, uma instabilidade no nosso modo de ser (o que funda a história, a diversidade cultural, as formas distintas de governo, a variedade de caráteres e comportamentos, as possibilidades de destino, progresso ou ruína social).

Com esse ceticismo acerca da harmonia total da natureza, somos levados a olhá-la sem lhe atribuir uma perfeição; vemo-la passível de instabilidade, de erro e, eventualmente, de correção. Reside aí a coerência do método científico humiano: produzido por um indivíduo da espécie (sem acesso a uma suposta perspectiva transcendente ou isenta), ele mostra o esforço sensível de encontrar nesses erros, nessas instabilidades inescapáveis de nosso modo de ser, o fundamento de uma natureza imaginada onde se enraízem, na experiência, ideias que somos capazes de inferir da imperfeição: a constância, a harmonia, o equilíbrio, o bem geral.

Com o registro dessa dubiedade, quero assinalar, por fim, aquilo que se pode considerar uma das maiores heranças que o pensamento de Hume nos legou, herança essa que podemos aprender a utilizar. Afinal, não é raro exercermos um raciocínio baseado em possuir um ideal moral terrivelmente abstrato, com ideias tácitas e vagas de justiça e bem, e condenar as pessoas e atitudes que não coincidem com esse ideal. Pessoas próximas não agiram como esperávamos, avaliamos negativamente seu caráter; pessoas públicas agiram mal, condenamos veementemente sua irresponsabilidade; as coisas não se dão como achamos que deveriam se dar, consideramos que tudo está errado. Isso é natural, Hume mesmo o observa. Mas, quando realizamos, como ele, uma espécie de reflexão de teor cético ou empirista, quando pensamos a partir de sua ideia de método científico para a natureza humana, damo-nos conta de que nossos ideais não podem ser tomados como parâmetros transcendentais de avaliação — antes, eles são concepções imaginadas que podem vir a ser historicamente construídas, sendo que, para tanto, é preciso operar causalidades, modelos coerentes, recorrências, paixões e *improvements*. Nem a justiça, nem o bem ou o bom valor moral são medidas exatas, acessíveis; mesmo enquanto ideais eles devem ser reconhecidos como passíveis de imperfeição e desenvolvimento.

Esse olhar, que a princípio soa banal, parece-me capaz de modificar significativamente nossa atitude perante frustrações e dificuldades advindas da discordância das opiniões, da confusão dos valores, da polarização ideológica e da desordem social. Ele pode nos levar a considerar melhor o sentido da lei e da ordem necessários a um governo, não como valores abstratos, mas como princípios de uma prática reiterada sem a qual, como Hume alerta, a liberdade é simplesmente impossível (pois, sem a lei, triunfa a liberdade do mais forte sobre a do mais fraco). Pode também nos levar a simpatizar melhor com a diversidade dos valores que marca a espécie humana — mesmo com aquelas pessoas ou grupos a quem nos opomos frontalmente — quando percebemos que não nos cabe tanto medir e julgar quanto sentir e interagir. Trata-se de um modelo de elaboração filosófica, o de Hume, que parte de uma profunda convicção na igualdade natural entre os indivíduos da espécie sem ignorar — para além dos artifícios e artimanhas dessa mesma natureza — as desigualdades, talvez inevitáveis, que são próprias da sociedade política, enquanto propõe um método de busca pelo progresso humano que unifica nosso interesse particular com a construção, digo, a invenção, de um bem comum. Um modelo de elaboração que, como sugere James Harris, é ao mesmo tempo uma Filosofia e uma resposta aos fatos da experiência ordinária dos homens. Um modelo capaz de, a um só tempo, contrapor-se ceticamente às reivindicações da autoridade e da tradição e de promover, finalmente, a paz entre a Filosofia e as paixões.

BIBLIOGRAFIA

Obras de Hume em inglês (edição Oxford)

The Clarendon Edition of the Works of David Hume. Oxford: Clarendon Press, 2007-2023. 6 vols. Edição crítica em andamento. Os textos de Hume também se encontram acessíveis em ótimas edições de bolso na Penguin e na coleção Oxford World Classics.

Hume em português

São numerosas as traduções de Hume para a língua portuguesa. Indicaremos aqui as mais recentes, utilizadas no texto.

Tratado da natureza humana. São Paulo: Editora UNESP, 2000.

Ensaios políticos. Tradução de Pedro Paulo Pimenta. São Paulo: Martins Fontes, 2003.

Investigações sobre o entendimento humano e sobre os princípios da moral. Tradução de José Oscar de Almeida Marques. São Paulo: Unesp, 2004.

Diálogos sobre a religião natural. Tradução de Álvaro Nunes. Lisboa: Edições 70, 2005.

A arte de escrever ensaios. Tradução de Pedro Paulo Pimenta e Márcio Suzuki. São Paulo: Iluminuras, 2009.

História da Inglaterra. Uma seleção. Tradução de Pedro Paulo Pimenta. 2ª edição. São Paulo: Unesp, 2014.

Dissertação sobre as paixões, seguido de História natural da religião. Tradução de Pedro Paulo Pimenta. São Paulo: Iluminuras, 2021.

Referências bibliográficas

Além dos textos utilizados, incluímos outras referências importantes para a compreensão do pensamento de Hume.

ÁRDAL, Páll S. *Passion and value in Hume's treatise.* Edinburgh: Edinburgh University Press, 1966.

ARTFL – American and French Research on the Treasury of the French Language (Centre National de la Recherche Scientifique de l'Université de Lorraine e Division of Humanities and Electronic Text Services of the University of Chicago). *Dictionnaires d'autrefois.* [s.d.] Disponível em: https://artfl.atilf.fr/dictionnaires/index.htm. Acesso em: 12 set. 2021.

BAIER, Anette C. *Death and character*: further reflections on Hume. London: Harvard University Press, 2008.

BALIEIRO, Marcos Ribeiro. Corpos celestes, misturas terrenas: Mulheres, sociabilidade e filosofia em David Hume. *Cadernos de Ética e Filosofia Política*, v. 1, n. 36, p. 37-48, 2020. Disponível em: https://www.revistas.usp.br/cefp/article/view/171614. Acesso em: 20 maio 2022.

BARROS FILHO, Clóvis de; PERES NETO, Luiz. *Reputação*: um eu fora do meu alcance. Rio de Janeiro: HarperCollins Brasil, 2019.

DABHOIWALA, Faramerz. The Construction of Honour, Reputation and Status in Late Seventeenth- and Early Eighteenth-Century England. *Transactions of the Royal Historical Society* , v. 6, p. 201-213, 1996.

DELEUZE, G. *Empirismo e subjetividade*: ensaio sobre a natureza humana segundo Hume. São Paulo: Editora 34, 2012.

DIDEROT, Denis. *Correspondance*. Georges Rosoth; Jean Varloot (eds). Paris, Les Editions de Minut, 1955-1970.

DIDEROT, Denis; D'ALEMBERT, Jean le Rond (eds.). *Encyclopédie, ou dictionnaire raisonné des sciences, des arts et des métiers, etc*. Universidade de Chicago: ARTFL Encyclopédie Project, Robert Morrissey e Glenn Roe (Eds.), Spring Edition, 2021. Disponível em: https://artflsrvo3.uchicago.edu/philologic4/encyclopedie1117/. Acesso em: 12 set. 2021.

GLATHE, Alfred Bouligny. *Hume's theory of the passions and of morals*: a study of Books II and III of the "Treatise". Berkeley: University of California Press, 1950.

HARRIS, James A. *Hume:* An Intellectual Biography. Cambridge: Cambridge University Press, 2015.

HOAD, T. F. (Ed.). *The concise Oxford dictionary of english etymology*. Oxford, Nova York: Oxford University Press, 1996.

HOMERO. *Odisseia*. Trad. Christian Werner. São Paulo: Ubu Editora, 2018.

HUME, David. *Essays, moral, political and literary*. Eugene F. Miller ed. Indianapolis: Liberty Fund, Inc, 1987.

HUME, David. *Tratado da natureza humana*. São Paulo: Editora UNESP, 2000.

HUME, David. *Ensaios políticos*. Trad. Pedro Pimenta. São Paulo: Martins Fontes, 2003.

HUME, David. *Investigações sobre o entendimento humano e sobre os princípios da moral*. São Paulo: Editora Unesp, 2004.

HUME, David. *A arte de escrever ensaio*. Seleção Pedro Pimenta. Trad. Márcio Suzuki e Pedro Pimenta. São Paulo: Iluminuras, 2008.

HUME, David. *The letters of David Hume*: 1766-1776. New York: Oxford University Press, USA, 2011.

HUME, David. *Uma investigação sobre os princípios da moral*. 2 ed. Campinas: Editora UNICAMP, 2013.

HUME, David. *Dissertação sobre as paixões seguido de história natural da religião*. Trad., intro. e notas Pedro Paulo Pimenta. São Paulo: Iluminuras, 2021.

IMMERWAHR, John. The anatomist and the painter: The continuity of Hume's Treatise and Essays. *Hume Studies*, v. 17, n. 1, p. 1-14, 1991.

JOHNSON, Samuel. *A dictionary of the english language.* Londres: W. Strahan, 1755. Disponível em: https://johnsonsdictionaryonline.com/views/pageview.php. Acesso em: 12 set. 2021.

JOHNSON, Samuel. *Consolation in the face of death.* Londres: Penguin Books, 2009.

KHALIL, Elias L. The fellow-feeling paradox: Hume, Smith and the moral order. *Philosophy*, v. 90, n. 4, p. 653-678, 2015.

MANDEVILLE, Bernard. *A fábula das abelhas:* ou vícios privados, benefícios públicos. São Paulo: Editora UNESP, 2018.

MANZER, Robert A. Hume on pride and love of fame. *Polity*, v. 28, n. 3, p. 333-355, 1996.

MARTIN, Muzzli G. F. In praise of self: Hume's love of fame. *European Journal of Analytic Philosophy*, v. 2, n. 1, p. 69-100, 2006.

MERRIAM-WEBSTER. *The characteristics of 'Character':* it has a long and complex backstory. 2021. Disponível em: https://www.merriam-webster.com/words-at-play/word-history-of-character-origins. Acesso em: 27 set. 2021.

MONTAIGNE, Michel de. *Les essais.* Paris: Arléa, 2002.

NASCENTES, Antenor. *Dicionário etimológico da língua portuguesa.* Rio de Janeiro: Livraria Acadêmica, Livraria Francisco Alves, Livraria, São José, Livraria de Portugal, 1955.

PARTRIDGE, Eric. *Origins*: a short etymological dictionary of Modern English. 4. ed. Londres, Nova York: Routledge, 2006.

PORTER, Roy. *English society in the eighteenth century.* 2ed. Londres, Penguin Books, 1990.

RUNCIE, James. *David Hume and the art of dying well.* Edimburgo: National Library of Scotland, 5 maio 2010. 1 audio (74min.). [Palestra]. Disponível em: https://www.nls.uk/events/audio-recordings/james-runcie/ Acesso em: 28 abr. 2022

SABL, Andrew. Noble infirmity: Love of fame in Hume. *Political theory*, v. 34, n. 5, p. 542-568, 2006.

SCHABAS, Margaret; WENNERLIND, Carl. *A philosopher's economist*. Chicago: University of Chicago Press, 2020.

STEVENS, Wallace. The man with the blue guitar. *Poetry*, v. 50, n. 2, p. 61-69, 1937.

SUZUKI, Márcio. Posfácio. In: HUME, David. *A arte de escrever ensaios*: e outros ensaios (morais, políticos e literários). Seleção Pedro Pimenta. Trad. Márcio Suzuki e Pedro Pimenta. São Paulo: Iluminuras, 2008.

AGRADECIMENTOS

Este livro é uma adaptação reduzida e menos formal da minha tese de doutorado defendida em setembro de 2022 no Departamento de Filosofia da Universidade de São Paulo, sob orientação do Professor Pedro Paulo Pimenta, como se sabe, um dos maiores especialistas na Filosofia do Século XVIII, em especial o Iluminismo Escocês. São muitas as pessoas que, de uma forma ou de outra, contribuíram para que eu pudesse tanto realizar a pesquisa e escrever a tese quanto para que eu pudesse reescrevê-la neste novo formato. Entre aqueles que estiveram mais diretamente envolvidos no projeto deste livro, começo por agradecer ao amigo e colega de trabalho Paulo Nassar, professor titular da ECA-USP e diretor-presidente da Aberje-Associação Brasileira de Comunicação Empresarial, entidade da qual sou o diretor-executivo. Sem o constante estímulo e incentivo do Paulo e da Aberje, este projeto dificilmente teria vingado. Estímulo que também recebi do amigo de toda hora, o jornalista e escritor Edward Pimenta. Não poderia deixar de registrar, a boa interlocução que tive ao longo de todo o processo com os amigos Eugênio Bucci (Professor da ECA-USP e ensaísta) e Ubiratan Muarrek (jornalista e escritor). Fundamental para a empreitada foi continuar recebendo o apoio e o direcionamento de Pedro, que generosamente não só estendeu a orientação ao trabalho (relendo, anotando e editando os novos textos) como também me estimulou a torná-lo público. Agradeço ainda às gentis e atentas leituras críticas empreendidas pelos amigos Fernão Salles (Professor da UFSCAR), Cassiano Machado Elek (Jornalista e Editor) e Leonardo Müller (Economista e estudioso de Adam Smith). Pelas observações ocorridas ao longo de todo o processo da escrita, agradeço também aos professores Roberto Bolzani (USP), Marcos Balieiro (UFS), Maria das Graças de Souza (USP) e Bel Limongi (UFPR). Entre as muitas pessoas que mencionei acima, agradeço também o meu orientador de mestrado, o Professor Titular do Departamento de Filosofia da USP, Marco Aurélio Werle, sempre pronto a me ajudar diante das dúvidas e inseguranças frente a tudo que se relaciona ao difícil fazer da pesquisa em filosofia. Cabe aqui um agradecimento especial à Gisele Souza, bibliotecária talentosa e competente, responsável pela área de documentação da Aberje. Ela me auxiliou imensamente em tudo o que diz respeito à preparação final dos textos. É preciso registrar aqui um agradecimento efusivo e repleto de admiração a Lucas Negri, que trabalhou comigo na reescrita e na padronização final do monstruoso volume de textos e apontamentos que produzi durante a feitura da tese. Mestre em Literatura Portuguesa pela USP e doutorando em teoria e história literária pela Unicamp, Negri tornou-se um interlocutor de grande instrução, que me ajudou muito a colocar em linguagem mais palatável os meandros do método experimental de David Hume. Não poderia esquecer de mencionar o apoio e o acolhimento que sempre recebo da minha querida família. Por fim, é preciso dizer que este projeto não chegaria a termo sem o amor de Margarete Victorio, minha companheira de toda uma vida.

CADASTRO
ILUMI//URAS

Para receber informações
sobre nossos lançamentos e
promoções envie e-mail para:

cadastro@iluminuras.com.br

A *Iluminuras* dedica suas publicações à memória de
sua sócia Beatriz Costa [1957-2020] e a de seu pai
Alcides Jorge Costa [1925-2016].